TRANZLATY

La Langue est pour tout le Monde

语言属于每个人

Le Manifeste communiste

共产党宣言

Karl Marx
&
Friedrich Engels

Français / 普通话

Copyright © 2025 Tranzlaty
All rights reserved.
Published by Tranzlaty
ISBN: 978-1-80572-359-2
Original text by Karl Marx and Friedrich Engels
The Communist Manifesto
First published in 1848
www.tranzlaty.com

Introduction
介绍

Un spectre hante l'Europe : le spectre du communisme
一个幽灵正在困扰着欧洲——共产主义的幽灵
Toutes les puissances de la vieille Europe ont conclu une sainte alliance pour exorciser ce spectre
旧欧洲的所有大国都结成了神圣的联盟，以驱除这个幽灵
Le pape et le tsar, Metternich et Guizot, les radicaux français et les espions de la police allemande
教皇和沙皇，梅特涅和吉佐，法国激进分子和德国警察间谍
Où est le parti dans l'opposition qui n'a pas été décrié comme communiste par ses adversaires au pouvoir ?
没有被执政对手谴责为共产主义的反对党在哪里？
Où est l'opposition qui n'a pas rejeté le reproche de marque du communisme contre les partis d'opposition les plus avancés ?
没有反击共产主义的烙印指责，反对更先进的反对党的反对派在哪里？
Et où est le parti qui n'a pas porté l'accusation contre ses adversaires réactionnaires ?
没有对其反动对手提出指控的政党在哪里？
Deux choses résultent de ce fait
这一事实导致了两件事
I. Le communisme est déjà reconnu par toutes les puissances européennes comme étant lui-même une puissance
一、所有欧洲列强都承认共产主义本身就是一个大国
II. Il est grand temps que les communistes publient ouvertement, à la face du monde entier, leurs vues, leurs buts et leurs tendances
二、现在是共产党人当着全世界的面公开发表自己的观点、宗旨和倾向的时候了

ils doivent répondre à ce conte enfantin du spectre du communisme par un manifeste du parti lui-même

他们必须用党本身的宣言来迎接这个共产主义幽灵的童话故事

À cette fin, des communistes de diverses nationalités se sont réunis à Londres et ont esquissé le manifeste suivant

为此，各民族的共产党人聚集在伦敦，草拟了以下宣言

ce manifeste sera publié en anglais, français, allemand, italien, flamand et danois

该宣言将以英文、法文、德文、意大利文、佛兰芒文和丹麦文出版

Et maintenant, il doit être publié dans toutes les langues proposées par Tranzlaty

现在，它将以 Tranzlaty 提供的所有语言出版

Les bourgeois et les prolétaires
资产阶级和无产者

L'histoire de toutes les sociétés qui ont existé jusqu'à
présent est l'histoire des luttes de classes
迄今为止所有现存社会的历史都是阶级斗争的历史
Homme libre et esclave, patricien et plébéien, seigneur et
serf, maître de guilde et compagnon
自由人与奴隶，贵族与平民，领主与农奴，行会主与
工匠
en un mot, oppresseur et opprimé
一句话，压迫者和被压迫者
Ces classes sociales étaient en opposition constante les unes
avec les autres
这些社会阶层不断相互对立
Ils se sont battus sans interruption. Maintenant caché,
maintenant ouvert
他们进行了不间断的战斗。现在隐藏，现在打开
un combat qui s'est terminé par une reconstitution
révolutionnaire de la société dans son ensemble
这场斗争要么以整个社会的革命性重建而告终
ou un combat qui s'est terminé par la ruine commune des
classes en lutte
或者是一场以相互竞争的阶级共同毁灭而告终的斗争
Jetons un coup d'œil aux époques antérieures de l'histoire
让我们回顾一下历史的早期时代
Nous trouvons presque partout un arrangement compliqué
de la société en divers ordres
我们几乎到处都发现社会的复杂安排，分为各种秩序
Il y a toujours eu une gradation multiple du rang social
社会等级一直存在多种等级
Dans la Rome antique, nous avons des patriciens, des
chevaliers, des plébéiens, des esclaves
在古罗马，我们有贵族、骑士、平民、奴隶

au Moyen Âge : seigneurs féodaux, vassaux, maîtres de corporation, compagnons, apprentis, serfs

中世纪：封建领主、附庸、行会大师、工匠、学徒、农奴

Dans presque toutes ces classes, encore une fois, les gradations subordonnées

在几乎所有这些类别中，同样是从属等级

La société bourgeoise moderne est née des ruines de la société féodale

现代资产阶级社会是从封建社会的废墟中萌芽出来的

Mais ce nouvel ordre social n'a pas fait disparaître les antagonismes de classe

但这种新的社会秩序并没有消除阶级对立

Elle n'a fait qu'établir de nouvelles classes et de nouvelles conditions d'oppression

它只是建立了新的阶级和新的压迫条件

Il a mis en place de nouvelles formes de lutte à la place des anciennes

它建立了新的斗争形式来取代旧的斗争形式

Cependant, l'époque dans laquelle nous nous trouvons possède un trait distinctif

然而，我们所处的时代具有一个鲜明的特征

l'époque de la bourgeoisie a simplifié les antagonismes de classe

资产阶级时代简化了阶级对立

La société dans son ensemble se divise de plus en plus en deux grands camps hostiles

整个社会越来越分裂成两大敌对阵营

deux grandes classes sociales qui se font directement face : la bourgeoisie et le prolétariat

两个直接对立的大社会阶级：资产阶级和无产阶级

Des serfs du Moyen Âge sont sortis les bourgeois agréés des premières villes

从中世纪的农奴中涌现出最早城镇的特许市民

C'est à partir de ces bourgeois que se sont développés les premiers éléments de la bourgeoisie
从这些市民那里发展了资产阶级的第一批元素
La découverte de l'Amérique et le contournement du Cap
美洲的发现和开普敦的四舍五入
ces événements ont ouvert un nouveau terrain à la bourgeoisie montante
这些事件为崛起的资产阶级开辟了新天地
Les marchés des Indes orientales et de la Chine, la colonisation de l'Amérique, le commerce avec les colonies
东印度和中国市场，美洲的殖民化，与殖民地的贸易
l'augmentation des moyens d'échange et des marchandises en général
交换资料和一般商品的增加
Ces événements donnèrent au commerce, à la navigation et à l'industrie une impulsion jamais connue jusque-là
这些事件给商业、航海和工业带来了前所未有的推动力
Elle a donné un développement rapide à l'élément révolutionnaire dans la société féodale chancelante
它使摇摇欲坠的封建社会的革命因素迅速发展
Les guildes fermées avaient monopolisé le système féodal de la production industrielle
封闭的行会垄断了封建的工业生产体系
Mais cela ne suffisait plus aux besoins croissants des nouveaux marchés
但这已经不足以满足新市场日益增长的需求
Le système manufacturier a pris la place du système féodal de l'industrie
制造体系取代了封建工业体系
Les maîtres de guilde étaient poussés d'un côté par la classe moyenne manufacturière
行会会长被制造业中产阶级推到一边
La division du travail entre les différentes corporations a disparu

不同公司行会之间的分工消失了

La division du travail s'infiltrait dans chaque atelier

劳动分工渗透到每个车间

Pendant ce temps, les marchés ne cessaient de croître et la demande ne cessait d'augmenter

与此同时，市场不断增长，需求不断上升

Même les usines ne suffisaient plus à répondre à la demande

即使是工厂也不再足以满足需求

À partir de là, la vapeur et les machines ont révolutionné la production industrielle

因此，蒸汽和机械彻底改变了工业生产

La place de fabrication a été prise par le géant de l'industrie moderne

制造地点被巨大的现代工业所取代

La place de la classe moyenne industrielle a été prise par des millionnaires industriels

工业中产阶级的位置被工业百万富翁取代

la place de chefs d'armées industrielles entières ont été prises par la bourgeoisie moderne

整个工业军队的领导人的位置被现代资产阶级所取代

la découverte de l'Amérique a ouvert la voie à l'industrie moderne pour établir le marché mondial

美洲的发现为现代工业建立世界市场铺平了道路

Ce marché donna un immense développement au commerce, à la navigation et aux communications par terre

这个市场为陆路商业、航海和通信带来了巨大的发展

Cette évolution a, en son temps, réagi à l'extension de l'industrie

在当时，这种发展对工业的扩展做出了反应

elle a réagi proportionnellement à l'expansion de l'industrie et à l'extension du commerce, de la navigation et des chemins de fer

它的反应与工业如何扩展以及商业、航海和铁路如何扩展成正比

dans la même proportion que la bourgeoisie s'est développée, elle a augmenté son capital

按照资产阶级发展的比例，他们增加了资本

et la bourgeoisie a relégué à l'arrière-plan toutes les classes héritées du Moyen Âge

资产阶级将中世纪流传下来的每一个阶级都推到了幕后

c'est pourquoi la bourgeoisie moderne est elle-même le produit d'un long développement

因此，现代资产阶级本身就是长期发展过程的产物

On voit qu'il s'agit d'une série de révolutions dans les modes de production et d'échange

我们看到，这是生产方式和交换方式的一系列革命

Chaque étape du développement de la bourgeoisie s'accompagnait d'une avancée politique correspondante

资产阶级的每一步发展都伴随着相应的政治进步

Une classe opprimée sous l'emprise de la noblesse féodale

封建贵族统治下的被压迫阶级

Une association armée et autonome dans la commune médiévale

中世纪公社的武装自治协会

ici, une république urbaine indépendante (comme en Italie et en Allemagne)

在这里，一个独立的城市共和国（如意大利和德国）

là, un « tiers état » imposable de la monarchie (comme en France)

在那里，君主制的应税"第三等级"（如法国）

par la suite, dans la période de fabrication proprement dite

之后，在适当的制造期间

la bourgeoisie servait soit la monarchie semi-féodale, soit la monarchie absolue

资产阶级要么服务于半封建君主制，要么服务于绝对君主制

ou bien la bourgeoisie faisait contrepoids à la noblesse

或者资产阶级充当了对贵族的反击

et, en fait, la bourgeoisie était une pierre angulaire des grandes monarchies en général

事实上，资产阶级是大君主制的基石

mais l'industrie moderne et le marché mondial se sont établis depuis lors

但从那时起，现代工业和世界市场就确立了自己的地位

et la bourgeoisie s'est emparée de l'emprise politique exclusive

资产阶级已经为自己赢得了排他性的政治影响力

elle a obtenu cette influence politique à travers l'État représentatif moderne

它通过现代代议制国家实现了这种政治影响力

Les exécutifs de l'État moderne ne sont qu'un comité de gestion

现代国家的行政人员只不过是一个管理委员会

et ils gèrent les affaires communes de toute la bourgeoisie

他们管理整个资产阶级的共同事务

La bourgeoisie, historiquement, a joué un rôle des plus révolutionnaires

从历史上看，资产阶级发挥了最具革命性的作用

Partout où elle a pris le dessus, elle a mis fin à toutes les relations féodales, patriarcales et idylliques

无论它在哪里占上风，它都结束了所有封建、父权制和田园诗般的关系

Elle a impitoyablement déchiré les liens féodaux hétéroclites qui liaient l'homme à ses « supérieurs naturels »

它无情地撕毁了将人束缚在"天生的上级"身上的杂乱无章的封建关系

et il n'y a plus de lien entre l'homme et l'homme, si ce n'est l'intérêt personnel

除了赤裸裸的利己主义之外，人与人之间没有任何联系

Les relations de l'homme entre eux ne sont plus qu'un « paiement en espèces » impitoyable

人与人之间的关系只不过是冷酷无情的"现金支付"

Elle a noyé les extases les plus célestes de la ferveur religieuse

它淹没了宗教狂热的最天堂般的狂喜

elle a noyé l'enthousiasme chevaleresque et le sentimentalisme philistin

它淹没了骑士的热情和庸俗的感伤主义

Il a noyé ces choses dans l'eau glacée du calcul égoïste

它把这些东西淹没在自负的计算的冰水中

Il a transformé la valeur personnelle en valeur échangeable

它把个人价值化为可交换的价值

elle a remplacé les innombrables et inaliénables libertés garanties par la Charte

它取代了无数和不可剥夺的宪章自由

et il a mis en place une liberté unique et inadmissible ; Libre-échange

它建立了一个单一的、不合情理的自由;自由贸易

En un mot, il l'a fait pour l'exploitation

一言以蔽之，它这样做是为了剥削

Une exploitation voilée par des illusions religieuses et politiques

被宗教和政治幻想所掩盖的剥削

l'exploitation voilée par une exploitation nue, éhontée, directe, brutale

赤裸裸的、无耻的、直接的、残酷的剥削所掩盖的剥削

la bourgeoisie a enlevé l'auréole de toutes les occupations jusque-là honorées et vénérées

资产阶级已经剥夺了以前所有受人尊敬和尊敬的职业的光环

le médecin, l'avocat, le prêtre, le poète et l'homme de science

医生、律师、牧师、诗人和科学家

Il a converti ces travailleurs distingués en ses travailleurs salariés

它把这些杰出的工人变成了有偿的雇佣劳动者

La bourgeoisie a déchiré le voile sentimental de la famille

资产阶级已经撕下了家庭的感伤面纱

et elle a réduit la relation familiale à une simple relation d'argent

它把家庭关系简化为单纯的金钱关系

la brutale démonstration de vigueur au Moyen Âge que les réactionnaires admirent tant

反动派非常钦佩的中世纪残酷的活力表现

Même cela a trouvé son complément approprié dans l'indolence la plus paresseuse

即使这样，在最懒惰的懒惰中也找到了合适的补充

La bourgeoisie a révélé comment tout cela s'est passé

资产阶级已经揭露了这一切是如何发生的

La bourgeoisie a été la première à montrer ce que l'activité de l'homme peut produire

资产阶级是第一个表明人的活动可以带来什么的人

Il a accompli des merveilles surpassant de loin les pyramides égyptiennes, les aqueducs romains et les cathédrales gothiques

它所创造的奇迹远远超过了埃及金字塔、罗马渡槽和哥特式大教堂

et il a mené des expéditions qui ont mis dans l'ombre tous les anciens Exodes des nations et les croisades

它进行了远征，使所有以前的国家流亡和十字军东征都蒙上了阴影

La bourgeoisie ne peut exister sans révolutionner sans cesse les instruments de production

如果不不断革新生产工具，资产阶级就不可能存在

et par conséquent elle ne peut exister sans ses rapports à la production

因此，没有它与生产的关系，它就不能存在

et donc elle ne peut exister sans ses relations avec la société

因此，没有它与社会的关系，它就不可能存在

Toutes les classes industrielles antérieures avaient une condition en commun

所有早期的工业阶级都有一个共同点

Ils s'appuyaient sur la conservation des anciens modes de production

他们依靠对旧生产方式的保护

mais la bourgeoisie a apporté avec elle une dynamique tout à fait nouvelle

但资产阶级带来了一种全新的动力

Révolution constante de la production et perturbation ininterrompue de toutes les conditions sociales

生产的不断革命和一切社会条件的不间断的干扰

cette incertitude et cette agitation perpétuelles distinguent l'époque bourgeoise de toutes les époques antérieures

这种永恒的不确定性和躁动性使资产阶级时代有别于所有早期的时代

Les relations antérieures avec la production s'accompagnaient de préjugés et d'opinions anciens et vénérables

以前与生产的关系伴随着古老而古老的偏见和观点

Mais toutes ces relations figées et figées sont balayées d'un revers de main

但所有这些固定的、快速冻结的关系都被一扫而空

Toutes les relations nouvellement formées deviennent archaïques avant de pouvoir s'ossifier

所有新形成的关系在僵化之前就已经过时了

Tout ce qui est solide se fond dans l'air, et tout ce qui est saint est profané

所有固体都融化成空气，所有神圣的东西都被亵渎了

L'homme est enfin forcé de faire face, avec des sens sobres, à ses conditions réelles de vie

人终于不得不以清醒的感官面对他的真实生活状况

et il est obligé de faire face à ses relations avec les siens

他被迫面对他与同类的关系

La bourgeoisie a constamment besoin d'élargir ses marchés pour ses produits

资产阶级不断需要扩大其产品的市场

et, à cause de cela, la bourgeoisie est poursuivie sur toute la surface du globe

正因为如此，资产阶级在整个地球表面都被追逐

La bourgeoisie doit se nicher partout, s'installer partout, établir des liens partout

资产阶级必须到处依偎，到处定居，到处建立联系

La bourgeoisie doit créer des marchés dans tous les coins du monde pour exploiter

资产阶级必须在世界每个角落创造市场来剥削

La production et la consommation dans tous les pays ont reçu un caractère cosmopolite

每个国家的生产和消费都被赋予了世界性的特征

le chagrin des réactionnaires est palpable, mais il s'est poursuivi malgré tout

反动派的懊恼是显而易见的，但无论如何它仍在继续

La bourgeoisie a tiré de dessous les pieds de l'industrie le terrain national sur lequel elle se trouvait

资产阶级从工业的脚下汲取了它赖以生存的民族土地

Toutes les anciennes industries nationales ont été détruites, ou sont détruites chaque jour

所有老牌的民族工业都已被摧毁，或每天都在被摧毁

Toutes les anciennes industries nationales sont délogées par de nouvelles industries

所有老牌的民族工业都被新工业所取代

Leur introduction devient une question de vie ou de mort pour toutes les nations civilisées

它们的引入成为所有文明国家的生死攸关的问题

Ils sont délogés par les industries qui ne travaillent plus la matière première indigène

他们被不再使用本土原材料的工业所取代

Au lieu de cela, ces industries extraient des matières premières des zones les plus reculées

相反，这些行业从最偏远的地区提取原材料

dont les produits sont consommés, non seulement chez nous, mais dans tous les coins du monde

其产品不仅在国内，而且在全球每个季度都被消费的行业

À la place des anciens besoins, satisfaits par les productions du pays, nous trouvons de nouveaux besoins

代替旧的需求，通过国家的产品来满足，我们找到了新的需求

Ces nouveaux besoins exigent pour leur satisfaction les produits des pays et des climats lointains

这些新的需求需要来自遥远的土地和气候的产品来满足它们

À la place de l'ancien isolement et de l'autosuffisance locaux et nationaux, nous avons le commerce

取而代之的是旧的地方和国家隔离和自给自足，我们有贸易

les échanges internationaux dans toutes les directions ; l'interdépendance universelle des nations

四面八方的国际交流;各国普遍相互依存

Et de même que nous sommes dépendants des matériaux, nous sommes dépendants de la production intellectuelle

正如我们依赖材料一样，我们也依赖于智力生产

Les créations intellectuelles des nations individuelles deviennent la propriété commune

各个民族的智力创造成为共同财产

L'unilatéralité nationale et l'étroitesse d'esprit deviennent de plus en plus impossibles

民族的片面性和狭隘性越来越不可能

et des nombreuses littératures nationales et locales, surgit une littérature mondiale

从众多的国家和地方文学中，产生了世界文学

par l'amélioration rapide de tous les instruments de production

通过所有生产工具的快速改进

par les moyens de communication immensément facilités

通过极其便利的沟通方式

La bourgeoisie entraîne tout le monde (même les nations les plus barbares) dans la civilisation

资产阶级把所有国家（甚至是最野蛮的民族）都吸引到文明中来

Les prix bon marché de ses marchandises ; l'artillerie lourde qui abat toutes les murailles chinoises

其商品的廉价价格;重炮摧毁了所有中国城墙

La haine obstinée des barbares contre les étrangers est forcée de capituler

野蛮人对外国人的强烈顽固仇恨被迫投降

Elle oblige toutes les nations, sous peine d'extinction, à adopter le mode de production bourgeois

它迫使所有民族在濒临灭绝的痛苦中采用资产阶级的生产方式

elle les oblige à introduire ce qu'elle appelle la civilisation en leur sein

它迫使他们把所谓的文明引入他们中间

La bourgeoisie force les barbares à devenir eux-mêmes bourgeois

资产阶级强迫野蛮人自己成为资产阶级

en un mot, la bourgeoisie crée un monde à son image

一句话，资产阶级按照自己的形象创造了一个世界

La bourgeoisie a soumis les campagnes à la domination des villes

资产阶级把农村置于城镇的统治之下

Il a créé d'énormes villes et considérablement augmenté la population urbaine

它创造了巨大的城市，大大增加了城市人口

Il a sauvé une partie considérable de la population de l'idiotie de la vie rurale

它把相当一部分人口从农村生活的愚蠢中解救出来

mais elle a rendu les ruraux dépendants des villes

但它使农村的人依赖城镇

et de même, elle a rendu les pays barbares dépendants des pays civilisés

同样，它使野蛮国家依赖文明国家

nations paysannes sur nations bourgeoises, l'Orient sur Occident

农民国家对资产阶级国家，东方对西方国家

La bourgeoisie se débarrasse de plus en plus de l'éparpillement de la population

资产阶级越来越消除人口的分散状态

Il a une production agglomérée et a concentré la propriété entre quelques mains

它集中了生产，并将财产集中在少数人手中

La conséquence nécessaire de cela a été la centralisation politique

其必然后果是政治集权

Il y avait eu des nations indépendantes et des provinces vaguement reliées entre elles

曾经有过独立的国家和松散联系的省份

Ils avaient des intérêts, des lois, des gouvernements et des systèmes d'imposition distincts

他们有各自的利益、法律、政府和税收制度

Mais ils ont été regroupés en une seule nation, avec un seul gouvernement

但是他们已经混为一谈，组成一个国家，一个政府

Ils ont maintenant un intérêt de classe national, une frontière et un tarif douanier

他们现在有一个国家阶级利益，一个边界和一个关税

Et cet intérêt de classe national est unifié sous un seul code de loi

这种民族阶级利益统一在一个法典之下

la bourgeoisie a accompli beaucoup de choses au cours de son règne d'à peine cent ans

资产阶级在其短短的一百年统治中取得了很大的成就

forces productives plus massives et plus colossales que toutes les générations précédentes réunies

比前几代人加起来还要庞大和巨大的生产力

Les forces de la nature sont soumises à la volonté de l'homme et de ses machines

自然的力量屈服于人的意志及其机器

La chimie s'applique à toutes les formes d'industrie et à tous les types d'agriculture

化学应用于所有形式的工业和农业类型

la navigation à vapeur, les chemins de fer, les télégraphes électriques et l'imprimerie

蒸汽航海、铁路、电报和印刷机

défrichement de continents entiers pour la culture, canalisation des rivières

清理整个大陆进行耕种，河流渠化

Des populations entières ont été extirpées du sol et mises au travail

整个人口都被从地下召唤出来并投入工作

Quel siècle précédent avait ne serait-ce qu'un pressentiment de ce qui pourrait être déchaîné ?

哪个上个世纪甚至预感到可以释放什么？

Qui aurait prédit que de telles forces productives sommeillaient dans le giron du travail social ?

谁能预料到这样的生产力会沉睡在社会劳动的怀抱中？

Nous voyons donc que les moyens de production et d'échange ont été générés dans la société féodale

我们看到，生产资料和交换资料是在封建社会中产生的

les moyens de production sur la base desquels la bourgeoisie s'est construite

资产阶级赖以建立自己的生产资料

À un certain stade du développement de ces moyens de production et d'échange

在这些生产资料和交换资料发展的某个阶段

les conditions dans lesquelles la société féodale produisait et échangeait

封建社会生产和交换的条件

L'organisation féodale de l'agriculture et de l'industrie manufacturière

农业和制造业的封建组织

Les rapports féodaux de propriété n'étaient plus compatibles avec les conditions matérielles

封建财产关系不再与物质条件相容

Ils devaient être brisés, alors ils ont été brisés

他们必须被爆裂，所以他们被爆裂了

À leur place s'est ajoutée la libre concurrence des forces productives

取而代之的是生产力的自由竞争

et ils étaient accompagnés d'une constitution sociale et politique adaptée à celle-ci

他们伴随着与之相适应的社会和政治宪法

et elle s'accompagnait de l'emprise économique et politique de la classe bourgeoise

它伴随着资产阶级的经济和政治影响力

Un mouvement similaire est en train de se produire sous nos yeux

类似的运动正在我们眼前发生

La société bourgeoise moderne avec ses rapports de production, d'échange et de propriété

现代资产阶级社会及其生产关系、交换关系和财产关系

une société qui a inventé des moyens de production et d'échange aussi gigantesques

一个创造了如此巨大的生产资料和交换资料的社会

C'est comme le sorcier qui a invoqué les puissances de l'au-delà

这就像召唤下界力量的巫师

Mais il n'est plus capable de contrôler ce qu'il a mis au monde

但他再也无法控制他带给世界的东西

Pendant de nombreuses décennies, l'histoire a été liée par un fil conducteur

在过去的十年里，历史被一条共同的线索联系在一起

L'histoire de l'industrie et du commerce n'a été que l'histoire des révoltes

工商业的历史不过是起义的历史

Les révoltes des forces productives modernes contre les conditions modernes de production

现代生产力对现代生产条件的反抗

Les révoltes des forces productives modernes contre les rapports de propriété

现代生产力对财产关系的反抗

ces rapports de propriété sont les conditions de l'existence de la bourgeoisie

这些财产关系是资产阶级存在的条件

et l'existence de la bourgeoisie détermine les règles des rapports de propriété

资产阶级的存在决定了财产关系的规则

Il suffit de mentionner le retour périodique des crises commerciales

提到商业危机的周期性回归就足够了

chaque crise commerciale est plus menaçante pour la société bourgeoise que la précédente

每一次商业危机对资产阶级社会的威胁都比上一次更大

Dans ces crises, une grande partie des produits existants sont détruits

在这些危机中，现有产品的很大一部分被摧毁

Mais ces crises détruisent aussi les forces productives créées précédemment

但这些危机也摧毁了先前创造的生产力

Dans toutes les époques antérieures, ces épidémies auraient semblé une absurdité

在所有更早的时代，这些流行病似乎是荒谬的

parce que ces épidémies sont les crises commerciales de la surproduction

因为这些流行病是生产过剩的商业危机

La société se trouve soudain remise dans un état de barbarie momentanée

社会突然发现自己又回到了短暂的野蛮状态

comme si une guerre universelle de dévastation avait coupé tous les moyens de subsistance

仿佛一场普遍的毁灭性战争切断了一切生存手段

l'industrie et le commerce semblent avoir été détruits ; Et pourquoi ?

工商业似乎被摧毁了;为什么？

Parce qu'il y a trop de civilisation et de moyens de subsistance

因为有太多的文明和生存手段

et parce qu'il y a trop d'industrie et trop de commerce

因为有太多的工业和太多的商业

Les forces productives à la disposition de la société ne développent plus la propriété bourgeoise

社会所支配的生产力不再发展资产阶级财产

au contraire, ils sont devenus trop puissants pour ces conditions, par lesquelles ils sont enchaînés

相反，对于这些条件来说，他们已经变得太强大了，他们被束缚了

dès qu'ils surmontent ces entraves, ils mettent le désordre dans toute la société bourgeoise

一旦他们克服了这些束缚，他们就会给整个资产阶级社会带来混乱

et les forces productives mettent en danger l'existence de la propriété bourgeoise

生产力危及资产阶级财产的生存

Les conditions de la société bourgeoise sont trop étroites pour englober les richesses qu'elles créent

资产阶级社会的条件太狭隘，无法包括他们创造的财富

Et comment la bourgeoisie surmonte-t-elle ces crises ?

资产阶级如何克服这些危机？

D'une part, elle surmonte ces crises par la destruction forcée d'une masse de forces productives

一方面，它通过强行摧毁大量生产力来克服这些危机

D'autre part, elle surmonte ces crises par la conquête de nouveaux marchés

另一方面，它通过征服新市场来克服这些危机

et elle surmonte ces crises par l'exploitation plus poussée des anciennes forces productives

它通过更彻底地剥削旧的生产力量来克服这些危机

C'est-à-dire en ouvrant la voie à des crises plus étendues et plus destructrices

也就是说，为更广泛和更具破坏性的危机铺平道路

elle surmonte la crise en diminuant les moyens de prévention des crises

它通过减少预防危机的手段来克服危机

Les armes avec lesquelles la bourgeoisie a abattu le féodalisme sont maintenant retournées contre elle-même

资产阶级用来把封建主义打倒在地的武器现在正对着自己

Mais non seulement la bourgeoisie a-t-elle forgé les armes qui lui apportent la mort

但是，资产阶级不仅锻造了给自己带来死亡的武器

Il a également appelé à l'existence les hommes qui doivent manier ces armes

它还召唤了将要使用这些武器的人

Et ces hommes sont la classe ouvrière moderne ; Ce sont les prolétaires

这些人是现代工人阶级;他们是无产者

À mesure que la bourgeoisie se développe, le prolétariat se développe dans la même proportion

资产阶级的发展与资产阶级的发展成比例相同

La classe ouvrière moderne a développé une classe d'ouvriers

现代工人阶级发展出一个劳动者阶级

Cette classe d'ouvriers ne vit que tant qu'elle trouve du travail

这一类劳动者只要找到工作，就只能活下去

et ils ne trouvent de travail qu'aussi longtemps que leur travail augmente le capital

他们只有在劳动增加资本的情况下才能找到工作

Ces ouvriers, qui doivent se vendre à la pièce, sont une marchandise

这些必须零敲碎打地出卖自己的劳动者是一种商品

Ces ouvriers sont comme tous les autres articles de commerce

这些劳动者就像其他所有商业物品一样

et, par conséquent, ils sont exposés à toutes les vicissitudes de la concurrence

因此，他们暴露在竞争的所有沧桑之中

Ils doivent faire face à toutes les fluctuations du marché

他们必须经受住市场的所有波动

En raison de l'utilisation intensive des machines et de la division du travail

由于机器的广泛使用和劳动分工

Le travail des prolétaires a perdu tout caractère individuel
无产者的工作已经丧失了一切个人特征
et, par conséquent, le travail des prolétaires a perdu tout
charme pour l'ouvrier
因此，无产者的工作对工人失去了一切魅力
Il devient un appendice de la machine, plutôt que l'homme
qu'il était autrefois
他变成了机器的附属物，而不是他曾经的人
On n'exige de lui que l'habileté la plus simple, la plus
monotone et la plus facile à acquérir
他只需要最简单、最单调、最容易获得的诀窍
Par conséquent, le coût de production d'un ouvrier est limité
因此，工人的生产成本受到限制
elle se limite presque entièrement aux moyens de
subsistance dont il a besoin pour son entretien
它几乎完全限于他维持生活所需的生活资料
et elle est limitée aux moyens de subsistance dont il a besoin
pour la propagation de sa race
它仅限于他繁衍种族所需的生活资料
Mais le prix d'une marchandise, et par conséquent aussi du
travail, est égal à son coût de production
但是，商品的价格，因此也包括劳动力的价格，等于
它的生产成本
C'est pourquoi, à mesure que le travail répugnant augmente,
le salaire diminue
因此，随着工作的排斥性增加，工资就会按比例下降
Bien plus, le caractère répugnant de son travail augmente à
un rythme encore plus grand
不，他工作的令人厌恶的速度甚至更大
À mesure que l'utilisation des machines et la division du
travail augmentent, le fardeau du labeur augmente
également
随着机器的使用和劳动分工的增加，劳动的负担也在
增加

La charge de travail est augmentée par la prolongation du temps de travail

劳动时间的延长增加了辛劳的负担

On attend plus de l'ouvrier dans le même temps qu'auparavant

与以前一样，对劳动者的期望更高

Et bien sûr, le poids du labeur est augmenté par la vitesse de la machine

当然，机器的速度会增加辛劳的负担

L'industrie moderne a transformé le petit atelier du maître patriarcal en la grande usine du capitaliste industriel

现代工业已经把父权制主人的小作坊变成了工业资本家的大工厂

Des masses d'ouvriers, entassés dans l'usine, s'organisent comme des soldats

大批工人挤进工厂，像士兵一样组织起来

En tant que simples soldats de l'armée industrielle, ils sont placés sous le commandement d'une hiérarchie parfaite d'officiers et de sergents

作为工业军队的士兵，他们被置于完美的军官和中士等级制度的指挥之下

ils ne sont pas seulement les esclaves de la classe bourgeoise et de l'État

他们不仅是资产阶级和国家的奴隶

Mais ils sont aussi asservis quotidiennement et d'heure en heure par la machine

但他们也每天和每小时都受到机器的奴役

ils sont asservis par le surveillant, et surtout par le fabricant bourgeois lui-même

他们被监督者所奴役，尤其是被个别资产阶级制造商自己所奴役

Plus ce despotisme proclame ouvertement que le gain est sa fin et son but, plus il est mesquin, plus haïssable et plus aigri

这种专制主义越是公开宣称利益是它的目的和目标，它就越是卑鄙、越可恨、越令人痛苦

Plus l'industrie moderne se développe, moins les différences entre les sexes sont grandes

现代工业越发达，两性之间的差异就越小

Moins le travail manuel exige d'habileté et d'effort de force, plus le travail des hommes est supplanté par celui des femmes

体力劳动所隐含的技能和力量消耗越少，男性的劳动就越多被妇女的劳动所取代

Les différences d'âge et de sexe n'ont plus de validité sociale distincte pour la classe ouvrière

对于工人阶级来说，年龄和性别的差异不再具有任何独特的社会有效性

Tous sont des instruments de travail, plus ou moins coûteux à utiliser, selon leur âge et leur sexe

所有这些都是劳动工具，根据他们的年龄和性别，使用起来或多或少是昂贵的

dès que l'ouvrier reçoit son salaire en espèces, il est attaqué par les autres parties de la bourgeoisie

工人一拿到现金工资，资产阶级的其他部分就对他不利

le propriétaire, le commerçant, le prêteur sur gages, etc

房东、店主、典当行等

Les couches inférieures de la classe moyenne ; les petits commerçants et les commerçants

中产阶级的下层;小商人和店主

les commerçants retraités en général, et les artisans et les paysans

一般是退休的商人，手工业者和农民

tout cela s'enfonce peu à peu dans le prolétariat

所有这些都逐渐沉入无产阶级

en partie parce que leur petit capital ne suffit pas à l'échelle sur laquelle l'industrie moderne est exercée

部分原因是他们微薄的资本不足以维持现代工业的规模

et parce qu'elle est submergée par la concurrence avec les grands capitalistes

因为它在与大资本家的竞争中被淹没了

en partie parce que leur savoir-faire spécialisé est rendu sans valeur par les nouvelles méthodes de production

部分原因是他们的专业技能因新的生产方法而变得毫无价值

Ainsi le prolétariat se recrute dans toutes les classes de la population

因此，无产阶级是从各阶层人口中招募的

Le prolétariat passe par différents stades de développement

无产阶级经历了不同的发展阶段

Avec sa naissance commence sa lutte contre la bourgeoisie

随着它的诞生，它开始了与资产阶级的斗争

Dans un premier temps, la lutte est menée par des ouvriers individuels

起初，比赛是由个体劳动者进行的

Ensuite, le concours est mené par les ouvriers d'une usine

然后比赛由工厂的工人进行

Ensuite, la lutte est menée par les agents d'un métier, dans une localité

然后比赛由一个地方的一个行业的操作人员进行

et la lutte est alors contre la bourgeoisie individuelle qui les exploite directement

然后，竞争是针对直接剥削他们的个别资产阶级的

Ils ne dirigent pas leurs attaques contre les conditions de production de la bourgeoisie

他们攻击的不是资产阶级的生产条件

mais ils dirigent leur attaque contre les instruments de production eux-mêmes

但是他们把攻击指向生产工具本身

Ils détruisent les marchandises importées qui font
concurrence à leur main-d'œuvre

他们销毁与他们的劳动力竞争的进口商品

Ils brisent les machines et mettent le feu aux usines

他们把机器砸得粉碎，他们放火烧了工厂

ils cherchent à restaurer par la force le statut disparu de
l'ouvrier du Moyen Âge

他们试图用武力恢复中世纪工人消失的地位

À ce stade, les ouvriers forment encore une masse
incohérente dispersée dans tout le pays

在这个阶段，工人仍然形成一个分散在全国各地的不
连贯的群众

et ils sont brisés par leur concurrence mutuelle

他们因相互竞争而破裂

S'ils s'unissent quelque part pour former des corps plus
compacts, ce n'est pas encore la conséquence de leur propre
union active

如果它们在任何地方联合起来形成更紧凑的机构，这
还不是他们自己积极联合的结果

mais c'est une conséquence de l'union de la bourgeoisie,
d'atteindre ses propres fins politiques

但这是资产阶级联合的结果，以达到自己的政治目的

la bourgeoisie est obligée de mettre en mouvement tout le
prolétariat

资产阶级被迫发动整个无产阶级的运动

et d'ailleurs, pour un temps, la bourgeoisie est capable de le
faire

而且，暂时，资产阶级能够这样做

À ce stade, les prolétaires ne combattent donc pas leurs
ennemis

因此，在这个阶段，无产者不与敌人作战

mais au lieu de cela, ils combattent les ennemis de leurs
ennemis

相反，他们正在与敌人的敌人作战

La lutte contre les vestiges de la monarchie absolue et les propriétaires terriens

与绝对君主制和地主的残余作斗争

ils combattent la bourgeoisie non industrielle ; la petite bourgeoisie

他们与非工业资产阶级作斗争;小资产阶级

Ainsi tout le mouvement historique est concentré entre les mains de la bourgeoisie

这样，整个历史运动就集中在资产阶级的手中

chaque victoire ainsi obtenue est une victoire pour la bourgeoisie

这样取得的每一场胜利，都是资产阶级的胜利

Mais avec le développement de l'industrie, le prolétariat ne se contente pas d'augmenter en nombre

但是，随着工业的发展，无产阶级不仅在人数上有所增加

le prolétariat se concentre en masses plus grandes et sa force s'accroît

无产阶级集中于更大的群众，无产阶级的力量在增长

et le prolétariat ressent de plus en plus cette force

无产阶级越来越感受到这种力量

Les divers intérêts et conditions de vie dans les rangs du prolétariat sont de plus en plus égalisés

无产阶级队伍中的各种利益和生活条件越来越平等

elles deviennent plus proportionnelles à mesure que les machines effacent toutes les distinctions de travail

随着机器消除了所有劳动的区别，它们变得更加相称

et les machines réduisent presque partout les salaires au même bas niveau

几乎所有地方的机器都把工资降低到同样的低水平

La concurrence croissante entre la bourgeoisie et les crises commerciales qui en résultent rendent les salaires des ouvriers de plus en plus fluctuants

资产阶级之间日益激烈的竞争，以及由此产生的商业危机，使工人的工资更加波动

L'amélioration incessante des machines, qui se développe de plus en plus rapidement, rend leurs moyens d'existence de plus en plus précaires

机器的不断改进，越来越迅速的发展，使他们的生计越来越不稳定

les collisions entre les ouvriers individuels et la bourgeoisie individuelle prennent de plus en plus le caractère de collisions entre deux classes

个别工人和个别资产阶级之间的冲突越来越具有两个阶级之间冲突的性质

Là-dessus, les ouvriers commencent à former des associations (syndicats) contre la bourgeoisie

于是，工人开始结成反对资产阶级的联合体（工会）

Ils s'associent pour maintenir le taux des salaires

他们为了保持工资水平而聚在一起

Ils fondèrent des associations permanentes afin de pourvoir à l'avance à ces révoltes occasionnelles

他们找到了永久的协会，以便事先为这些偶尔的叛乱做好准备

Ici et là, la lutte éclate en émeutes

比赛在这里和那里爆发了骚乱

De temps en temps, les ouvriers sont victorieux, mais seulement pour un temps

工人们时不时地取得胜利，但只是暂时的

Le vrai fruit de leurs luttes n'est pas dans le résultat immédiat, mais dans l'union toujours plus grande des travailleurs

他们斗争的真正成果不在于立竿见影的结果，而在于不断扩大的工人工会

Cette union est favorisée par les moyens de communication améliorés créés par l'industrie moderne

现代工业创造的改进的通信手段有助于这种结合

La communication moderne met en contact les travailleurs de différentes localités les uns avec les autres

现代通信使不同地区的工人相互联系

C'était précisément ce contact qui était nécessaire pour centraliser les nombreuses luttes locales en une lutte nationale entre les classes

正是这种联系，才需要将众多的地方斗争集中到一个阶级之间的全国性斗争中来

Toutes ces luttes sont du même caractère, et toute lutte de classe est une lutte politique

所有这些斗争都具有相同的性质，每一次阶级斗争都是政治斗争

les bourgeois du moyen âge, avec leurs misérables routes, mettaient des siècles à former leurs syndicats

中世纪的市民，他们悲惨的高速公路，需要几个世纪才能组建他们的工会

Les prolétaires modernes, grâce aux chemins de fer, réalisent leurs syndicats en quelques années

现代无产者，多亏了铁路，在几年内就实现了工会

Cette organisation des prolétaires en classe les a donc formés en parti politique

无产者组织成一个阶级，于是把他们组成了一个政党

La classe politique est continuellement bouleversée par la concurrence entre les travailleurs eux-mêmes

政治阶层不断地被工人之间的竞争所困扰

Mais la classe politique continue de se soulever, plus forte, plus ferme, plus puissante

但政治阶层继续再次崛起，更强大、更坚定、更强大

Elle oblige la législation à reconnaître les intérêts particuliers des travailleurs

它迫使立法承认工人的特殊利益

il le fait en profitant des divisions au sein de la bourgeoisie elle-même

它通过利用资产阶级本身的分裂来做到这一点

C'est ainsi qu'en Angleterre fut promulguée la loi sur les dix heures

因此，英国的十小时法案被纳入法律

à bien des égards, les collisions entre les classes de l'ancienne société sont en outre le cours du développement du prolétariat

在许多方面，旧社会各阶级之间的冲突是无产阶级发展的进程

La bourgeoisie se trouve engagée dans une bataille de tous les instants

资产阶级发现自己卷入了一场持续不断的战斗

Dans un premier temps, il se trouvera impliqué dans une bataille constante avec l'aristocratie

起初，它会发现自己卷入了与贵族的持续斗争

plus tard, elle se trouvera engagée dans une lutte constante avec ces parties de la bourgeoisie elle-même

以后，它将发现自己卷入了与资产阶级本身的那些部分的不断斗争中

et leurs intérêts seront devenus antagonistes au progrès de l'industrie

他们的利益将与工业的进步背道而驰

à tout moment, leurs intérêts seront devenus antagonistes avec la bourgeoisie des pays étrangers

在任何时候，他们的利益都会与外国资产阶级对立

Dans toutes ces batailles, elle se voit obligée de faire appel au prolétariat et lui demande son aide

在所有这些斗争中，它认为自己不得不向无产阶级求助，并请求无产阶级的帮助

Et ainsi, il se sentira obligé de l'entraîner dans l'arène politique

因此，它将被迫将其拖入政治舞台

C'est pourquoi la bourgeoisie elle-même fournit au prolétariat ses propres instruments d'éducation politique et générale

因此，资产阶级本身就向无产阶级提供自己的政治和一般教育工具

c'est-à-dire qu'il fournit au prolétariat des armes pour combattre la bourgeoisie

换言之，它为无产阶级提供了与资产阶级作斗争的武器

De plus, comme nous l'avons déjà vu, des sections entières des classes dominantes sont précipitées dans le prolétariat

此外，正如我们已经看到的，统治阶级的整个部分都沉淀成无产阶级

le progrès de l'industrie les aspire dans le prolétariat

工业的进步把他们吸进了无产阶级

ou, du moins, ils sont menacés dans leurs conditions d'existence

或者，至少，他们的生存条件受到威胁

Ceux-ci fournissent également au prolétariat de nouveaux éléments d'illumination et de progrès

这些也为无产阶级提供了启蒙和进步的新元素

Enfin, à l'approche de l'heure décisive de la lutte des classes

最后，在阶级斗争接近决定性时刻的时候

le processus de dissolution en cours au sein de la classe dirigeante

统治阶级内部正在进行的解体过程

En fait, la dissolution en cours au sein de la classe dirigeante se fera sentir dans toute la société

事实上，统治阶级内部的解体将在整个社会中感受到

Il prendra un caractère si violent et si flagrant qu'une petite partie de la classe dirigeante se laissera aller à la dérive

它将呈现出如此暴力、刺眼的特征，以至于统治阶级的一小部分人会漂泊不定

et que la classe dirigeante rejoindra la classe révolutionnaire

统治阶级将加入革命阶级

La classe révolutionnaire étant la classe qui tient l'avenir entre ses mains

革命阶级是把未来掌握在自己手中的阶级

Comme à une époque antérieure, une partie de la noblesse passa dans la bourgeoisie

就像在更早的时期一样，一部分贵族倒向了资产阶级

de la même manière qu'une partie de la bourgeoisie passera au prolétariat

同样，一部分资产阶级将转向无产阶级

en particulier, une partie de la bourgeoisie passera à une partie des idéologues de la bourgeoisie

特别是，一部分资产阶级将转向一部分资产阶级思想家

Des idéologues bourgeois qui se sont élevés au niveau de la compréhension théorique du mouvement historique dans son ensemble

资产阶级思想家，他们把自己提高到从理论上理解整个历史运动的水平

De toutes les classes qui se trouvent aujourd'hui en face de la bourgeoisie, seule le prolétariat est une classe vraiment révolutionnaire

在今天与资产阶级面对面的所有阶级中，只有无产阶级是一个真正的革命阶级

Les autres classes se dégradent et finissent par disparaître devant l'industrie moderne

其他阶级在现代工业面前腐朽并最终消失

le prolétariat est son produit spécial et essentiel

无产阶级是无产阶级的特殊和必不可少的产品

La petite bourgeoisie, le petit industriel, le commerçant, l'artisan, le paysan

下层中产阶级、小制造商、店主、工匠、农民

toutes ces luttes contre la bourgeoisie

所有这些都是反对资产阶级的

Ils se battent en tant que fractions de la classe moyenne pour se sauver de l'extinction

他们作为中产阶级的一部分而战，以拯救自己免于灭绝

Ils ne sont donc pas révolutionnaires, mais conservateurs

因此，他们不是革命的，而是保守的

Bien plus, ils sont réactionnaires, car ils essaient de faire reculer la roue de l'histoire

更何况，他们是反动的，因为他们试图推翻历史的车轮

Si par hasard ils sont révolutionnaires, ils ne le sont qu'en vue de leur transfert imminent dans le prolétariat

如果说他们是革命的，那只是因为他们即将转入无产阶级

Ils défendent ainsi non pas leurs intérêts présents, mais leurs intérêts futurs

因此，他们捍卫的不是他们现在的利益，而是他们未来的利益

ils désertent leur propre point de vue pour se placer à celui du prolétariat

他们抛弃了自己的立场，把自己置于无产阶级的立场上

La « classe dangereuse », la racaille sociale, cette masse en décomposition passive rejetée par les couches les plus basses de la vieille société

"危险阶级"，社会败类，被旧社会最底层抛弃的被动腐烂的群众

Ils peuvent, ici et là, être entraînés dans le mouvement par une révolution prolétarienne

他们可能会在这里和那里被无产阶级革命卷入运动

Ses conditions de vie, cependant, le préparent beaucoup plus au rôle d'instrument soudoyé de l'intrigue réactionnaire

然而，它的生活条件使它为反动阴谋的贿赂工具做好了更多的准备

Dans les conditions du prolétariat, ceux de l'ancienne société dans son ensemble sont déjà virtuellement submergés

在无产阶级的条件下，整个旧社会的状况实际上已经被淹没了

Le prolétaire est sans propriété

无产者是没有财产的

ses rapports avec sa femme et ses enfants n'ont plus rien de commun avec les relations familiales de la bourgeoisie

他与妻子和孩子的关系与资产阶级的家庭关系不再有任何共同之处

le travail industriel moderne, la sujétion moderne au capital, la même en Angleterre qu'en France, en Amérique comme en Allemagne

现代工业劳动，现代对资本的服从，在英国和法国一样，在美国和德国一样

Sa condition dans la société l'a dépouillé de toute trace de caractère national

他在社会上的地位剥夺了他民族性格的每一丝痕迹

La loi, la morale, la religion, sont pour lui autant de préjugés bourgeois

法律、道德、宗教，对他来说是那么多的资产阶级偏见

et derrière ces préjugés se cachent en embuscade autant d'intérêts bourgeois

在这些偏见的背后，潜伏着许多资产阶级利益

Toutes les classes précédentes, qui ont pris le dessus, ont cherché à fortifier leur statut déjà acquis

所有先前占上风的阶级都试图巩固他们已经获得的地位

Ils l'ont fait en soumettant la société dans son ensemble à leurs conditions d'appropriation

他们通过使整个社会服从他们的占有条件来做到这一点

Les prolétaires ne peuvent pas devenir maîtres des forces productives de la société

无产者不能成为社会生产力的主人

elle ne peut le faire qu'en abolissant son propre mode d'appropriation antérieur

它只能通过废除自己以前的拨款模式来做到这一点

et par là même elle abolit tout autre mode d'appropriation antérieur

因此，它也废除了以前的所有其他拨款方式

Ils n'ont rien à eux pour s'assurer et se fortifier

他们没有自己的任何东西可以保护和加强

Leur mission est de détruire toutes les sûretés antérieures et les assurances de biens individuels

他们的任务是销毁所有以前的个人财产证券和保险

Tous les mouvements historiques antérieurs étaient des mouvements de minorités

以前所有的历史运动都是少数民族的运动

ou bien il s'agissait de mouvements dans l'intérêt des minorités

或者它们是为了少数群体的利益而进行的运动

Le mouvement prolétarien est le mouvement conscient et indépendant de l'immense majorité

无产阶级运动是绝大多数人的自觉的、独立的运动

Et c'est un mouvement dans l'intérêt de l'immense majorité

这是一场符合绝大多数人利益的运动

Le prolétariat, couche la plus basse de notre société actuelle

无产阶级，我们当今社会的最底层

elle ne peut ni s'agiter ni s'élever sans que toutes les couches supérieures de la société officielle ne soient soulevées en l'air

如果没有官方社会的整个上层阶级，它就无法搅动或提升自己

Loin d'être dans le fond, mais dans la forme, la lutte du prolétariat contre la bourgeoisie est d'abord une lutte nationale

无产阶级同资产阶级的斗争虽然不是实质上的，但形式上却是民族斗争

Le prolétariat de chaque pays doit, bien entendu, régler d'abord ses affaires avec sa propre bourgeoisie

当然，每个国家的无产阶级首先必须同自己的资产阶级解决问题

En décrivant les phases les plus générales du développement du prolétariat, nous avons retracé la guerre civile plus ou moins voilée

在描述无产阶级发展的最一般阶段时，我们追溯了或多或少隐蔽的内战

Ce civil fait rage au sein de la société existante

这种民间在现存社会中肆虐

Elle fera rage jusqu'au point où cette guerre éclatera en révolution ouverte

它将肆虐到战争爆发为公开革命的地步

et alors le renversement violent de la bourgeoisie jette les bases de l'emprise du prolétariat

然后暴力推翻资产阶级，为无产阶级的统治奠定了基础

Jusqu'à présent, toute forme de société a été fondée, comme nous l'avons déjà vu, sur l'antagonisme des classes oppressives et opprimées

正如我们已经看到的那样，迄今为止，每一种社会形式都是建立在压迫阶级和被压迫阶级的对抗之上的

Mais pour opprimer une classe, il faut lui assurer certaines conditions

但是，为了压迫一个阶级，必须向它保证某些条件

La classe doit être maintenue dans des conditions dans lesquelles elle peut, au moins, continuer son existence servile

这个阶级必须保持在至少能够继续其奴隶存在的条件下

Le serf, à l'époque du servage, s'élevait lui-même au rang d'adhérent à la commune

农奴在农奴制时期，将自己提升为公社成员

de même que la petite bourgeoisie, sous le joug de l'absolutisme féodal, a réussi à se développer en bourgeoisie

正如小资产阶级在封建专制主义的枷锁下，设法发展成为资产阶级一样

L'ouvrier moderne, au contraire, au lieu de s'élever avec les progrès de l'industrie, s'enfonce de plus en plus profondément

相反，现代劳动者不但没有随着工业的进步而上升，反而越陷越深

il s'enfonce au-dessous des conditions d'existence de sa propre classe

他沉沦在自己阶级的生存条件之下

Il devient pauvre, et le paupérisme se développe plus rapidement que la population et la richesse

他变成了一个穷人，而穷人比人口和财富发展得更快

Et c'est là qu'il devient évident que la bourgeoisie n'est plus apte à être la classe dominante dans la société

在这里，很明显，资产阶级不再适合成为社会的统治阶级

et elle n'est pas digne d'imposer ses conditions d'existence à la société comme une loi prépondérante

不宜将其生存条件作为压倒一切的法律强加于社会

Il est inapte à gouverner parce qu'il est incompétent pour assurer une existence à son esclave dans son esclavage

它不适合统治，因为它没有能力确保它的奴隶在他的奴役中生存

parce qu'il ne peut s'empêcher de le laisser sombrer dans un tel état, qu'il doit le nourrir, au lieu d'être nourri par lui

因为它忍不住让他陷入这样的状态，以至于它必须喂养他，而不是被他喂养

La société ne peut plus vivre sous cette bourgeoisie

社会不能再生活在这种资产阶级的统治下

En d'autres termes, son existence n'est plus compatible avec la société

换句话说，它的存在不再与社会相容

La condition essentielle de l'existence et de l'influence de la classe bourgeoise est la formation et l'accroissement du capital

资产阶级存在和影响的必要条件是资本的形成和壮大

La condition du capital, c'est le salariat-travail

资本的条件是雇佣劳动

Le travail salarié repose exclusivement sur la concurrence entre les travailleurs

雇佣劳动完全建立在劳动者之间的竞争之上

Le progrès de l'industrie, dont le promoteur involontaire est la bourgeoisie, remplace l'isolement des ouvriers

工业的进步，其非自愿的推动者是资产阶级，它取代了工人的孤立

en raison de la concurrence, en raison de leur combinaison révolutionnaire, en raison de l'association

由于竞争，由于他们的革命性组合，由于协会

Le développement de l'industrie moderne lui coupe sous les pieds les fondements mêmes sur lesquels la bourgeoisie produit et s'approprie les produits

现代工业的发展，从脚下割断了资产阶级生产和占有产品的基础

Ce que la bourgeoisie produit avant tout, ce sont ses propres fossoyeurs

资产阶级生产的，首先是它自己的掘墓人

La chute de la bourgeoisie et la victoire du prolétariat sont également inévitables

资产阶级的垮台和无产阶级的胜利同样是不可避免的

Prolétaires et communistes
无产者和共产主义者

Quel est le rapport des communistes vis-à-vis de l'ensemble des prolétaires ?
共产党人与整个无产者的关系是什么？

Les communistes ne forment pas un parti séparé opposé aux autres partis de la classe ouvrière
共产党人没有组成一个反对其他工人阶级政党的独立政党

Ils n'ont pas d'intérêts séparés de ceux du prolétariat dans son ensemble
他们没有与整个无产阶级的利益分开的利益

Ils n'établissent pas de principes sectaires qui leur soient propres pour façonner et modeler le mouvement prolétarien
他们没有建立自己的任何宗派原则来塑造和塑造无产阶级运动

Les communistes ne se distinguent des autres partis ouvriers que par deux choses
共产党与其他工人阶级政党的区别仅在于两件事

Premièrement, ils signalent et mettent en avant les intérêts communs de l'ensemble du prolétariat, indépendamment de toute nationalité
首先，他们指出并把整个无产阶级的共同利益摆在前面，不分民族

C'est ce qu'ils font dans les luttes nationales des prolétaires des différents pays
他们在不同国家的无产阶级的民族斗争中就是这样做的

Deuxièmement, ils représentent toujours et partout les intérêts du mouvement dans son ensemble
其次，他们无时无刻不在代表整个运动的利益

c'est ce qu'ils font dans les différents stades de
développement par lesquels doit passer la lutte de la classe
ouvrière contre la bourgeoisie

他们在工人阶级反对资产阶级的斗争必须经历的各个
发展阶段中都是这样做的

Les communistes sont donc, d'une part, pratiquement, la
section la plus avancée et la plus résolue des partis ouvriers
de tous les pays

因此，共产党人一方面实际上是各国工人阶级政党中
最先进、最坚定的部分

Ils sont cette section de la classe ouvrière qui pousse en
avant toutes les autres

他们是工人阶级中推动所有其他阶级前进的那部分人

Théoriquement, ils ont aussi l'avantage de bien comprendre
la ligne de marche

从理论上讲，它们还具有清楚地了解行军路线的优势

C'est ce qu'ils comprennent mieux par rapport à la grande
masse du prolétariat

与无产阶级的广大群众相比，他们更了解这一点

Ils comprennent les conditions et les résultats généraux
ultimes du mouvement prolétarien

他们了解无产阶级运动的条件和最终的一般结果

Le but immédiat du Parti communiste est le même que celui
de tous les autres partis prolétariens

共产党的直接目标同所有其他无产阶级政党的直接目
标相同

Leur but est la formation du prolétariat en classe

他们的目标是把无产阶级形成一个阶级

ils visent à renverser la suprématie de la bourgeoisie

他们的目标是推翻资产阶级至高无上的地位

la conquête du pouvoir politique par le prolétariat

无产阶级夺取政权的斗争

Les conclusions théoriques des communistes ne sont nullement basées sur des idées ou des principes de réformateurs

共产党人的理论结论绝不是基于改革者的思想或原则

ce ne sont pas des prétendus réformateurs universels qui ont inventé ou découvert les conclusions théoriques des communistes

发明或发现共产党人的理论结论的不是潜在的普遍改革者

Ils ne font qu'exprimer, en termes généraux, des rapports réels qui naissent d'une lutte de classe existante

它们只是笼统地表达了从现存的阶级斗争中产生的实际关系

Et ils décrivent le mouvement historique qui se déroule sous nos yeux et qui a créé cette lutte des classes

他们描述了在我们眼皮底下发生的历史运动，这些运动造成了这场阶级斗争

L'abolition des rapports de propriété existants n'est pas du tout un trait distinctif du communisme

废除现存的财产关系根本不是共产主义的一个显著特征

Dans le passé, toutes les relations de propriété ont été continuellement sujettes à des changements historiques

过去的所有财产关系都不断受到历史变化的影响

et ces changements ont été consécutifs au changement des conditions historiques

这些变化是历史条件变化的结果

La Révolution française, par exemple, a aboli la propriété féodale au profit de la propriété bourgeoise

例如，法国大革命废除了封建财产，取而代之的是资产阶级财产

Le trait distinctif du communisme n'est pas l'abolition de la propriété, en général

共产主义的显著特征不是废除财产

mais le trait distinctif du communisme, c'est l'abolition de la propriété bourgeoise

但共产主义的显著特点是废除了资产阶级财产

Mais la propriété privée de la bourgeoisie moderne est l'expression ultime et la plus complète du système de production et d'appropriation des produits

但是，现代资产阶级私有制是生产和占有产品制度的最后和最完整的表现

C'est l'état final d'un système basé sur les antagonismes de classe, où l'antagonisme de classe est l'exploitation du plus grand nombre par quelques-uns

这是一个建立在阶级对立基础上的制度的最终状态，在这种制度中，阶级对立是少数人对多数人的剥削

En ce sens, la théorie des communistes peut se résumer en une seule phrase ; l'abolition de la propriété privée

从这个意义上说，共产党人的理论可以用一句话来概括;废除私有财产

On nous a reproché, à nous communistes, de vouloir abolir le droit d'acquérir personnellement des biens

我们共产党人因废除个人获得财产的权利而受到指责

On prétend que cette propriété est le fruit du travail de l'homme

据称，这种财产是人类自己劳动的成果

et cette propriété est censée être le fondement de toute liberté, de toute activité et de toute indépendance individuelles.

据称，这种财产是所有个人自由、活动和独立的基础。

« Propriété durement gagnée, auto-acquise, auto-gagnée ! »

"来之不易的、自得的、自赚来的财产！"

Voulez-vous dire la propriété du petit artisan et du petit paysan ?

你是说小手工业者和小农的财产吗？

Voulez-vous parler d'une forme de propriété qui a précédé la forme bourgeoise ?

你是说资产阶级形式之前的一种财产形式吗？

Il n'est pas nécessaire de l'abolir, le développement de l'industrie l'a déjà détruit dans une large mesure

没有必要废除它，工业的发展在很大程度上已经摧毁了它

et le développement de l'industrie continue de la détruire chaque jour

工业的发展每天都在摧毁它

Ou voulez-vous parler de la propriété privée de la bourgeoisie moderne ?

或者你是说现代资产阶级的私有财产？

Mais le travail salarié crée-t-il une propriété pour l'ouvrier ?

但是，雇佣劳动能为劳动者创造任何财产吗？

Non, le travail salarié ne crée pas une parcelle de ce genre de propriété !

不，雇佣劳动没有创造这种财产的一点点！

Ce que le travail salarié crée, c'est du capital ; ce genre de propriété qui exploite le travail salarié

雇佣劳动创造的是资本;那种剥削雇佣劳动的财产

Le capital ne peut s'accroître qu'à la condition d'engendrer une nouvelle offre de travail salarié pour une nouvelle exploitation

资本不能增加，除非是产生新的雇佣劳动供给，以便进行新的剥削

La propriété, dans sa forme actuelle, est fondée sur l'antagonisme du capital et du salariat

目前形式的财产是建立在资本和雇佣劳动的对立之上的

Examinons les deux côtés de cet antagonisme

让我们来看看这种对立的双方

Être capitaliste, ce n'est pas seulement avoir un statut purement personnel

成为资本家不仅要有纯粹的个人地位

Au contraire, être capitaliste, c'est aussi avoir un statut social dans la production

相反，成为资本家也是在生产中具有社会地位

parce que le capital est un produit collectif ; Ce n'est que par l'action unie de nombreux membres qu'elle peut être mise en branle

因为资本是集体产品;只有通过许多成员的联合行动，它才能启动起来

Mais cette action unie n'est qu'un dernier recours, et nécessite en fait tous les membres de la société

但这种联合行动是最后的手段，实际上需要社会所有成员

Le capital est converti en propriété de tous les membres de la société

资本确实转化为社会所有成员的财产

mais le Capital n'est donc pas une puissance personnelle ; c'est un pouvoir social

但因此，资本不是个人的力量;它是一种社会力量

Ainsi, lorsque le capital est converti en propriété sociale, la propriété personnelle n'est pas pour autant transformée en propriété sociale

因此，当资本转化为社会财产时，个人财产并没有因此转化为社会财产

Ce n'est que le caractère social de la propriété qui est modifié et qui perd son caractère de classe

只是财产的社会性质发生了变化，失去了它的阶级性质

Regardons maintenant le travail salarié

现在让我们看看雇佣劳动

Le prix moyen du salariat est le salaire minimum, c'est-à-dire le quantum des moyens de subsistance

雇佣劳动的平均价格是最低工资，即生活资料的数量

Ce salaire est absolument nécessaire dans la simple
existence d'un ouvrier

这个工资对于作为劳动者来说是绝对必要的

Ce que le salarié s'approprie par son travail ne suffit donc
qu'à prolonger et à reproduire une existence nue

因此，雇佣劳动者通过他的劳动所占有的东西，只够
延长和再生产一种赤裸裸的生活

Nous n'avons nullement l'intention d'abolir cette
appropriation personnelle des produits du travail

我们决不打算废除这种对劳动产品的个人占有

une appropriation qui est faite pour le maintien et la
reproduction de la vie humaine

为维持和繁衍人类生命而进行的拨款

Une telle appropriation personnelle des produits du travail
ne laisse pas de surplus pour commander le travail d'autrui

这种个人对劳动产品的占有，没有留下任何剩余来支
配别人的劳动

Tout ce que nous voulons supprimer, c'est le caractère
misérable de cette appropriation

我们想要消除的只是这种挪用的悲惨性质

l'appropriation dont vit l'ouvrier dans le seul but
d'augmenter son capital

劳动者生活所依赖的占有只是为了增加资本

Il n'est autorisé à vivre que dans la mesure où l'intérêt de la
classe dominante l'exige

他只被允许在统治阶级的利益需要的范围内生活

Dans la société bourgeoise, le travail vivant n'est qu'un
moyen d'augmenter le travail accumulé

在资产阶级社会中，活劳动不过是增加积累劳动的手
段

Dans la société communiste, le travail accumulé n'est qu'un
moyen d'élargir, d'enrichir, de promouvoir l'existence de
l'ouvrier

在共产主义社会中，积累的劳动只不过是扩大、丰富和促进劳动者生存的手段

C'est pourquoi, dans la société bourgeoise, le passé domine le présent

因此，在资产阶级社会中，过去支配着现在

dans la société communiste, le présent domine le passé

在共产主义社会中，现在主宰过去

Dans la société bourgeoise, le capital est indépendant et a une individualité

在资产阶级社会中，资本是独立的，具有个性的

Dans la société bourgeoise, la personne vivante est dépendante et n'a pas d'individualité

在资产阶级社会中，活着的人是依赖的，没有个性

Et l'abolition de cet état de choses est appelée par la bourgeoisie l'abolition de l'individualité et de la liberté !

资产阶级把废除这种状况称为废除个性和自由！

Et c'est à juste titre qu'on l'appelle l'abolition de l'individualité et de la liberté !

它被正确地称为废除个性和自由！

Le communisme vise à l'abolition de l'individualité bourgeoise

共产主义的目标是消灭资产阶级的个性

Le communisme veut l'abolition de l'indépendance de la bourgeoisie

共产主义打算废除资产阶级独立

La liberté de la bourgeoisie est sans aucun doute ce que vise le communisme

资产阶级自由无疑是共产主义的目标

dans les conditions actuelles de production de la bourgeoisie, la liberté signifie le libre-échange, la liberté de vendre et d'acheter

在资产阶级目前的生产条件下，自由意味着自由贸易、自由买卖

Mais si la vente et l'achat disparaissent, la vente et l'achat gratuits disparaissent également

但是，如果买卖消失了，那么自由买卖也消失了

Les « paroles courageuses » de la bourgeoisie sur la vente et l'achat libres n'ont qu'un sens limité

资产阶级关于自由买卖的"勇敢的话"只在有限的意义上有意义

Ces mots n'ont de sens que par opposition à la vente et à l'achat restreints

这些词只有在与限制买卖形成对比时才有意义

et ces mots n'ont de sens que lorsqu'ils s'appliquent aux marchands enchaînés du moyen âge

这些词只有在应用于中世纪受束缚的商人时才有意义

et cela suppose que ces mots aient même un sens dans un sens bourgeois

这就假定这些词在资产阶级的意义上甚至有意义

mais ces mots n'ont aucun sens lorsqu'ils sont utilisés pour s'opposer à l'abolition communiste de l'achat et de la vente

但是，当这些词被用来反对共产主义废除买卖时，它们就没有任何意义了

les mots n'ont pas de sens lorsqu'ils sont utilisés pour s'opposer à l'abolition des conditions de production de la bourgeoisie

当这些词被用来反对废除资产阶级生产条件时，它们就没有意义了

et ils n'ont aucun sens lorsqu'ils sont utilisés pour s'opposer à l'abolition de la bourgeoisie elle-même

当它们被用来反对资产阶级本身被废除时，它们就没有任何意义了

Vous êtes horrifiés par notre intention d'en finir avec la propriété privée

你对我们打算废除私有财产感到震惊

Mais dans votre société actuelle, la propriété privée est déjà abolie pour les neuf dixièmes de la population

但是在你们现有的社会中，十分之九的人口已经废除了私有财产

L'existence d'une propriété privée pour quelques-uns est uniquement due à sa non-existence entre les mains des neuf dixièmes de la population

少数人的私有财产之所以存在，完全是因为私有财产在十分之九的人口手中不存在

Vous nous reprochez donc d'avoir l'intention de supprimer une forme de propriété

因此，你责备我们打算废除一种财产形式

Mais la propriété privée nécessite l'inexistence de toute propriété pour l'immense majorité de la société

但是私有财产要求社会绝大多数人不存在任何财产

En un mot, vous nous reprochez d'avoir l'intention de vous débarrasser de vos biens

一句话，你责备我们打算废除你的财产

Et c'est précisément le cas ; se débarrasser de votre propriété est exactement ce que nous avons l'intention de faire

事实正是如此;取消您的财产正是我们的意图

À partir du moment où le travail ne peut plus être converti en capital, en argent ou en rente

从劳动不能再转化为资本、货币或地租的那一刻起

quand le travail ne peut plus être converti en un pouvoir social monopolisé

当劳动不能再转化为能够被垄断的社会力量时

à partir du moment où la propriété individuelle ne peut plus être transformée en propriété bourgeoise

从个人财产不能再转化为资产阶级财产的那一刻起

à partir du moment où la propriété individuelle ne peut plus être transformée en capital

从个人财产不能再转化为资本的那一刻起

À partir de ce moment-là, vous dites que l'individualité s'évanouit

从那一刻起，你说个性消失了

Vous devez donc avouer que par « individu » vous n'entendez personne d'autre que la bourgeoisie

因此，你必须承认，你所说的"个人"，除了资产阶级之外，不是指其他人

Vous devez avouer qu'il s'agit spécifiquement du propriétaire de la classe moyenne

你必须承认，它特指中产阶级的财产所有者

Cette personne doit, en effet, être balayée et rendue impossible

事实上，这个人必须被扫地出门，变得不可能

Le communisme ne prive personne du pouvoir de s'approprier les produits de la société

共产主义不剥夺任何人占有社会产品的权力

tout ce que fait le communisme, c'est de le priver du pouvoir de subjuguer le travail d'autrui au moyen d'une telle appropriation

共产主义所做的一切，就是剥夺他通过这种占有来征服他人劳动的权力

On a objecté qu'avec l'abolition de la propriété privée, tout travail cesserait

有人反对说，一旦废除私有财产，所有工作都将停止

et il est alors suggéré que la paresse universelle nous rattrapera

然后有人建议普遍的懒惰将超越我们

D'après cela, il y a longtemps que la société bourgeoise aurait dû aller aux chiens par pure oisiveté

据此，资产阶级社会早就应该通过纯粹的懒惰去找狗了

parce que ceux de ses membres qui travaillent, n'acquièrent rien

因为那些工作的成员，一无所获

et ceux de ses membres qui acquièrent quoi que ce soit, ne travaillent pas

而那些获得任何东西的成员，则不起作用

L'ensemble de cette objection n'est qu'une autre expression
de la tautologie

这种反对意见的全部不过是重言式的另一种表现形式

Il ne peut plus y avoir de travail salarié quand il n'y a plus
de capital

当不再有任何资本时，就不再有任何雇佣劳动

Il n'y a pas de différence entre les produits matériels et les
produits mentaux

物质产品和精神产品之间没有区别

Le communisme propose que les deux soient produits de la
même manière

共产主义提出这两者都是以同样的方式产生的

mais les objections contre les modes communistes de
production sont les mêmes

但是反对共产主义生产这些产品的方式是一样的

pour la bourgeoisie, la disparition de la propriété de classe
est la disparition de la production elle-même

对资产阶级来说，阶级财产的消失就是生产本身的消
失

Ainsi, la disparition de la culture de classe est pour lui
identique à la disparition de toute culture

因此，在他看来，阶级文化的消失与所有文化的消失
是一样的

Cette culture, dont il déplore la perte, n'est pour l'immense
majorité qu'un simple entraînement à agir comme une
machine

他为这种文化的丧失而感到遗憾，对绝大多数人来说
，仅仅是一种充当机器的训练

Les communistes ont bien l'intention d'abolir la culture de
la propriété bourgeoise

共产党人非常打算废除资产阶级财产文化

Mais ne vous querellez pas avec nous tant que vous
appliquez les normes de vos notions bourgeoises de liberté,
de culture, de droit, etc

但是，只要你运用你的资产阶级自由、文化、法律等概念的标准，就不要和我们争吵

Vos idées mêmes ne sont que le résultat des conditions de votre production bourgeoise et de la propriété bourgeoise

你们的思想只不过是你们的资产阶级生产条件和资产阶级财产的产物

de même que votre jurisprudence n'est que la volonté de votre classe érigée en loi pour tous

正如你们的法理学只不过是你们阶级的意志成为所有人的法律一样

Le caractère essentiel et l'orientation de cette volonté sont déterminés par les conditions économiques créées par votre classe sociale

这种意志的本质特征和方向是由你的社会阶层创造的经济条件决定的

L'idée fausse égoïste qui vous pousse à transformer les formes sociales en lois éternelles de la nature et de la raison

自私的误解，诱使你把社会形式转化为永恒的自然法则和理性法则

les formes sociales qui découlent de votre mode de production et de votre forme de propriété actuels

从你们现在的生产方式和财产形式中产生的社会形式

des rapports historiques qui naissent et disparaissent dans le progrès de la production

在生产过程中兴起和消失的历史关系

cette idée fausse que vous partagez avec toutes les classes dirigeantes qui vous ont précédés

你与你之前的每一个统治阶级都有这种误解

Ce que vous voyez clairement dans le cas de la propriété ancienne, ce que vous admettez dans le cas de la propriété féodale

在古代财产的情况下，你清楚地看到的，在封建财产的情况下，你承认的

ces choses, il vous est bien entendu interdit de les admettre dans le cas de votre propre forme de propriété bourgeoise

在你自己的资产阶级财产形式的情况下，你当然是被禁止承认的

Abolition de la famille ! Même les plus radicaux s'enflamment devant cette infâme proposition des communistes

废除家庭！即使是最激进的人也对共产党人的这个臭名昭著的提议大发雷霆

Sur quelle base se fonde la famille actuelle, la famille bourgeoise ?

现在的家庭，资产阶级家庭，是建立在什么基础上的？

La fondation de la famille actuelle est basée sur le capital et le gain privé

目前家庭的基础是建立在资本和私人利益的基础上的

Sous sa forme complètement développée, cette famille n'existe que dans la bourgeoisie

在完全发展的形式中，这个家庭只存在于资产阶级中

Cet état de choses trouve son complément dans l'absence pratique de la famille chez les prolétaires

这种状况在无产者中家庭的实际缺席中得到了补充

Cet état de choses se retrouve dans la prostitution publique

这种状况可以在公开卖淫中找到

La famille bourgeoise disparaîtra d'office quand son effectif disparaîtra

当资产阶级家族的补充消失时，资产阶级家族将理所当然地消失

et l'une et l'autre s'évanouiront avec la disparition du capital

而这两种意志都将随着资本的消失而消失

Nous accusez-vous de vouloir mettre fin à l'exploitation des enfants par leurs parents ?

你是否指责我们想要阻止父母对儿童的剥削？

Nous plaidons coupables de ce crime

对于这一罪行，我们认罪

Mais, direz-vous, on détruit les relations les plus sacrées, quand on remplace l'éducation à domicile par l'éducation sociale

但是，你会说，当我们用社会教育取代家庭教育时，我们破坏了最神圣的关系

Votre éducation n'est-elle pas aussi sociale ? Et n'est-elle pas déterminée par les conditions sociales dans lesquelles vous éduquez ?

你的教育不是也是社会的吗？这难道不是由你教育的社会条件决定的吗？

par l'intervention, directe ou indirecte, de la société, par le biais de l'école, etc.

通过社会的直接或间接干预，通过学校等。

Les communistes n'ont pas inventé l'intervention de la société dans l'éducation

共产党人没有发明社会对教育的干预

ils ne cherchent qu'à modifier le caractère de cette intervention

他们这样做只是试图改变这种干预的性质

et ils cherchent à sauver l'éducation de l'influence de la classe dirigeante

他们试图将教育从统治阶级的影响中拯救出来

La bourgeoisie parle de la relation sacrée du parent et de l'enfant

资产阶级谈论父母和孩子的神圣关系

mais ce baratin sur la famille et l'éducation devient d'autant plus répugnant quand on regarde l'industrie moderne

但是，当我们看到现代工业时，这种关于家庭和教育的鼓掌陷阱变得更加令人作呕

Tous les liens familiaux entre les prolétaires sont déchirés par l'industrie moderne

无产者之间的一切家庭关系都被现代工业撕裂了

Leurs enfants sont transformés en simples objets de
commerce et en instruments de travail

他们的孩子变成了简单的商业物品和劳动工具

Mais vous, communistes, vous créeriez une communauté de
femmes, crie en chœur toute la bourgeoisie

但是你们共产党人会创建一个妇女社区，让整个资产
阶级齐声尖叫

La bourgeoisie ne voit en sa femme qu'un instrument de
production

资产阶级在妻子身上看到的只是生产工具

Il entend dire que les instruments de production doivent
être exploités par tous

他听说生产工具要被所有人利用

et, naturellement, il ne peut arriver à aucune autre
conclusion que celle d'être commun à tous retombera
également sur les femmes

而且，自然，他只能得出其他结论，即所有人共同的
命运同样会落在女人身上

Il ne soupçonne même pas qu'il s'agit en fait d'en finir avec
le statut de la femme en tant que simple instrument de
production

他甚至没有怀疑真正的意义在于消除妇女作为生产工
具的地位

Du reste, rien n'est plus ridicule que l'indignation vertueuse
de notre bourgeoisie contre la communauté des femmes

至于其余的，没有什么比我们资产阶级对妇女社区的
道德愤慨更荒谬的了

ils prétendent qu'elle doit être établie ouvertement et
officiellement par les communistes

他们假装这是共产党人公开和正式建立的

Les communistes n'ont pas besoin d'introduire la
communauté des femmes, elle existe depuis des temps
immémoriaux

共产党人没有必要引入妇女社区，它几乎从远古时代就存在

Notre bourgeoisie ne se contente pas d'avoir à sa disposition les femmes et les filles de ses prolétaires

我们的资产阶级不满足于拥有无产者的妻子和女儿

Ils prennent le plus grand plaisir à séduire les femmes de l'autre

他们以勾引对方的妻子为乐

Et cela ne parle même pas des prostituées ordinaires

这甚至不是普通

Le mariage bourgeois est en réalité un système d'épouses en commun

资产阶级婚姻实际上是一种共同的妻子制度

puis il y a une chose qu'on pourrait peut-être reprocher aux communistes

那么有一件事共产党人可能会受到指责

Ils souhaitent introduire une communauté de femmes ouvertement légalisée

他们希望引入一个公开合法化的妇女社区

plutôt qu'une communauté de femmes hypocritement dissimulée

而不是一个虚伪隐藏的女性社区

la communauté des femmes issues du système de production

从生产体系中产生的妇女社区

Abolissez le système de production, et vous abolissez la communauté des femmes

廢除生產制度，你就廢除婦女社區

La prostitution publique est abolie et la prostitution privée

公开卖淫和私人卖淫都被废除了

On reproche en outre aux communistes de vouloir abolir les pays et les nationalités

共产党人更是想废除国家和民族

Les travailleurs n'ont pas de patrie, nous ne pouvons donc pas leur prendre ce qu'ils n'ont pas

工人没有国家，所以我们不能从他们那里拿走他们没有得到的东西

Le prolétariat doit d'abord acquérir la suprématie politique
无产阶级首先必须获得政治上的至高无上的地位

Le prolétariat doit s'élever pour être la classe dirigeante de la nation
无产阶级必须成为国家的领导阶级

Le prolétariat doit se constituer en nation
无产阶级必须把自己建成民族

elle est, jusqu'à présent, elle-même nationale, mais pas dans le sens bourgeois du mot
到目前为止，它本身是民族的，尽管不是资产阶级意义上的

Les différences nationales et les antagonismes entre les peuples s'estompent chaque jour davantage
民族差异和民族之间的对立日益消失

grâce au développement de la bourgeoisie, à la liberté du commerce, au marché mondial
由于资产阶级的发展，由于商业自由，由于世界市场

à l'uniformité du mode de production et des conditions de vie qui y correspondent
生产方式和与之相适应的生活条件的统一性

La suprématie du prolétariat les fera disparaître encore plus vite
无产阶级的至高无上地位将使他们消失得更快

L'action unie, du moins dans les principaux pays civilisés, est une des premières conditions de l'émancipation du prolétariat
至少是主要文明国家的联合行动，是无产阶级解放的首要条件之一

Dans la mesure où l'exploitation d'un individu par un autre prendra fin, l'exploitation d'une nation par une autre prendra également fin à

随着一个人对另一个人的剥削被结束，一个国家对另一个国家的剥削也将被结束。

À mesure que l'antagonisme entre les classes à l'intérieur de la nation disparaîtra, l'hostilité d'une nation envers une autre prendra fin

随着国家内部阶级之间的对立消失，一个国家对另一个国家的敌意将相应结束

Les accusations portées contre le communisme d'un point de vue religieux, philosophique et, en général, idéologique, ne méritent pas d'être examinées sérieusement

从宗教、哲学和一般意识形态的角度对共产主义的指控不值得认真研究

Faut-il une intuition profonde pour comprendre que les idées, les vues et les conceptions de l'homme changent à chaque changement dans les conditions de son existence matérielle ?

难道需要深刻的直觉才能理解人的思想、观点和观念随着物质生存条件的每一次变化而变化吗？

N'est-il pas évident que la conscience de l'homme change lorsque ses relations sociales et sa vie sociale changent ?

当人的社会关系和社会生活发生变化时，人的意识会发生变化，这难道不是显而易见的吗？

Qu'est-ce que l'histoire des idées prouve d'autre, sinon que la production intellectuelle change de caractère à mesure que la production matérielle se modifie ?

思想史除了证明知识生产随着物质生产的变化而成比例地改变其性质之外，还有什么呢？

Les idées dominantes de chaque époque ont toujours été les idées de sa classe dirigeante

每个时代的统治思想都是其统治阶级的思想

Quand on parle d'idées qui révolutionnent la société, on n'exprime qu'un seul fait

当人们谈论彻底改变社会的想法时，他们只表达了一个事实

Au sein de l'ancienne société, les éléments d'une nouvelle société ont été créés

在旧社会中，新社会的元素已经产生

et que la dissolution des vieilles idées va de pair avec la dissolution des anciennes conditions d'existence

旧观念的消解与旧存在条件的消解保持同步

Lorsque le monde antique était dans ses dernières affresses, les anciennes religions ont été vaincues par le christianisme

当古代世界处于最后的阵痛中时，古老的宗教被基督教所征服

Lorsque les idées chrétiennes ont succombé au XVIIIe siècle aux idées rationalistes, la société féodale a mené une bataille à mort contre la bourgeoisie alors révolutionnaire

当基督教思想在18世纪屈服于理性主义思想时，封建社会与当时的革命资产阶级进行了殊死搏斗

Les idées de liberté religieuse et de liberté de conscience n'ont fait qu'exprimer l'emprise de la libre concurrence dans le domaine de la connaissance

宗教自由和良心自由的思想只是表达了知识领域内自由竞争的影响力

« Sans doute, dira-t-on, les idées religieuses, morales, philosophiques et juridiques ont été modifiées au cours du développement historique »

"毫无疑问，"人们会说，"宗教、道德、哲学和法律观念在历史发展过程中发生了变化"

Mais la religion, la morale, la philosophie, la science politique et le droit ont constamment survécu à ce changement.

"但宗教、道德哲学、政治学和法律，不断在这种变化中幸存下来"

« Il y a aussi des vérités éternelles, telles que la Liberté, la Justice, etc. »

"还有永恒的真理，如自由、正义等"

« Ces vérités éternelles sont communes à tous les états de la
société »

"这些永恒的真理是所有社会状态的共同真理"

« Mais le communisme abolit les vérités éternelles, il abolit
toute religion et toute morale »

"但共产主义废除了永恒的真理，它废除了所有的宗
教和所有的道德"

« il fait cela au lieu de les constituer sur une nouvelle base »

"它这样做，而不是在新的基础上构成它们"

« Elle agit donc en contradiction avec toute l'expérience
historique passée »

"因此，它的行为与过去的所有历史经验相矛盾"

À quoi se réduit cette accusation ?

这种指责本身归结为什么？

L'histoire de toute la société passée a consisté dans le
développement d'antagonismes de classe

过去所有社会的历史都是在阶级对立的发展中形成的

antagonismes qui ont pris des formes différentes selon les
époques

在不同时代呈现不同形式的对立

Mais quelle que soit la forme qu'ils aient prise, un fait est
commun à tous les âges passés

但无论他们采取何种形式，一个事实是过去所有时代
的共同事实

l'exploitation d'une partie de la société par l'autre

社会的一部分被另一部分剥削

Il n'est donc pas étonnant que la conscience sociale des âges
passés se meuve à l'intérieur de certaines formes communes
ou d'idées générales

因此，难怪过去时代的社会意识是在某些共同的形式
或一般观念中运动的

(et ce, malgré toute la multiplicité et la variété qu'il affiche)

（尽管它显示了所有的多样性和多样性）

et ceux-ci ne peuvent disparaître complètement qu'avec la disparition totale des antagonismes de classe

除非阶级对立完全消失，否则这些都不可能完全消失

La révolution communiste est la rupture la plus radicale avec les rapports de propriété traditionnels

共产主义革命是与传统财产关系最彻底的决裂

Il n'est donc pas étonnant que son développement implique la rupture la plus radicale avec les idées traditionnelles

难怪它的发展涉及与传统观念的最彻底的决裂

Mais finissons-en avec les objections de la bourgeoisie contre le communisme

但是，让我们把资产阶级对共产主义的反对说完了

Nous avons vu plus haut le premier pas de la révolution de la classe ouvrière

我们已经看到了工人阶级革命的第一步

Le prolétariat doit être élevé à la position de dirigeant, pour gagner la bataille de la démocratie

无产阶级必须上升到统治的地位，才能赢得民主的战斗

Le prolétariat usera de sa suprématie politique pour arracher peu à peu tout le capital à la bourgeoisie

无产阶级将利用自己的政治优势，逐步从资产阶级手中夺取一切资本

elle centralisera tous les instruments de production entre les mains de l'État

它将把所有生产工具集中在国家手中

En d'autres termes, le prolétariat s'est organisé en classe dominante

换言之，无产阶级组织起来就是统治阶级

et elle augmentera le plus rapidement possible le total des forces productives

它将尽快增加生产力总量

Bien sûr, au début, cela ne peut se faire qu'au moyen d'incursions despotiques dans les droits de propriété

当然，在一开始，除非通过对财产权的专制干涉，否则这是无法实现的

et elle doit être réalisée dans les conditions de la production bourgeoise

它必须在资产阶级生产的条件下实现

Elle est donc réalisée au moyen de mesures qui semblent économiquement insuffisantes et intenables

因此，它是通过在经济上似乎不足和站不住脚的措施来实现的

mais ces moyens, dans le cours du mouvement, se dépassent d'eux-mêmes

但是，在运动过程中，这些手段超越了自己

elles nécessitent de nouvelles incursions dans l'ancien ordre social

它们需要进一步侵入旧的社会秩序

et ils sont inévitables comme moyen de révolutionner entièrement le mode de production

它们作为彻底改变生产方式的手段是不可避免的

Ces mesures seront bien sûr différentes selon les pays

当然，这些措施在不同的国家会有所不同

Néanmoins, dans les pays les plus avancés, ce qui suit sera assez généralement applicable

然而，在最先进的国家，以下内容将非常普遍适用

1. L'abolition de la propriété foncière et l'affectation de toutes les rentes foncières à des fins publiques.

1.废除土地财产，将所有土地租金用于公共目的。

2. Un impôt sur le revenu progressif ou progressif lourd.

2. 重度累进或累进所得税。

3. Abolition de tout droit d'héritage.

3.废除一切继承权。

4. Confiscation des biens de tous les émigrés et rebelles.

4. 没收所有移民和叛乱分子的财产。

5. Centralisation du crédit entre les mains de l'État, au moyen d'une banque nationale à capital d'État et monopole exclusif.

5.通过拥有国家资本和独家垄断的国家银行，将信贷集中到国家手中。

6. Centralisation des moyens de communication et de transport entre les mains de l'État.

6.通讯和运输手段集中于国家手中。

7. Extension des usines et des instruments de production appartenant à l'État

7.扩大国有工厂和生产工具

la mise en culture des terres incultes, et l'amélioration du sol en général d'après un plan commun.

将荒地开垦开垦，并按照共同计划对土壤进行改良。

8. Responsabilité égale de tous vis-à-vis du travail

8. 人人对劳动负有同等责任

Mise en place d'armées industrielles, notamment pour l'agriculture.

建立工业军队，特别是农业军队。

9. Combinaison de l'agriculture et des industries manufacturières

9. 农业与制造业的结合

l'abolition progressive de la distinction entre la ville et la campagne, par une répartition plus égale de la population sur le territoire.

逐步消除城乡的区别，在全国范围内更公平地分配人口。

10. Gratuité de l'éducation pour tous les enfants dans les écoles publiques.

10. 公立学校所有儿童均免费接受教育。

Abolition du travail des enfants dans les usines sous sa forme actuelle

废除目前形式的工厂童工

Combinaison de l'éducation et de la production industrielle

教育与工业生产相结合

Quand, au cours du développement, les distinctions de classe ont disparu

在发展过程中，阶级差异消失了

et quand toute la production aura été concentrée entre les mains d'une vaste association de toute la nation

当所有生产都集中在整个民族的广大联合手中时

alors la puissance publique perdra son caractère politique

那么公共权力将失去其政治性质

Le pouvoir politique, proprement dit, n'est que le pouvoir organisé d'une classe pour en opprimer une autre

政治权力，恰如其分地称为政治权力，只是一个阶级压迫另一个阶级的有组织的力量

Si le prolétariat, dans sa lutte contre la bourgeoisie, est contraint, par la force des choses, de s'organiser en classe

如果无产阶级在与资产阶级的较量中，由于环境的力量，被迫把自己组织成一个阶级

si, par une révolution, elle se fait la classe dominante

如果通过革命，它使自己成为统治阶级

et, en tant que telle, elle balaie par la force les anciennes conditions de production

因此，它用武力扫除旧的生产条件

alors, avec ces conditions, elle aura balayé les conditions d'existence des antagonismes de classes et des classes en général

这样，它就会同这些条件一起扫除阶级对立和一般阶级存在的条件

et aura ainsi aboli sa propre suprématie en tant que classe.

从而将废除它自己作为一个阶级的至高无上的地位。

A la place de l'ancienne société bourgeoise, avec ses classes et ses antagonismes de classes, nous aurons une association

代替旧的资产阶级社会，它的阶级和阶级对立，我们将有一个联合体

une association dans laquelle le libre développement de chacun est la condition du libre développement de tous
一个协会，在这个协会中，每个人的自由发展是所有人自由发展的条件

1) Le socialisme réactionnaire
1）反动社会主义

a) Le socialisme féodal
封建社会主义

les aristocraties de France et d'Angleterre avaient une position historique unique
法国和英国的贵族具有独特的历史地位
c'est devenu leur vocation d'écrire des pamphlets contre la société bourgeoise moderne
写反对现代资产阶级社会的小册子成为他们的天职
Dans la révolution française de juillet 1830 et dans l'agitation réformiste anglaise
在1830年7月的法国大革命和英国的改革鼓动中
Ces aristocraties succombèrent de nouveau à l'odieux parvenu
这些贵族再次屈服于可恶的暴发户
Dès lors, il n'était plus question d'une lutte politique sérieuse
从此以后，一场严肃的政治较量就完全不可能了
Tout ce qui restait possible, c'était une bataille littéraire, pas une véritable bataille
剩下的只是文学之战，而不是一场真正的战斗
Mais même dans le domaine de la littérature, les vieux cris de la période de la restauration étaient devenus impossibles
但即使在文学领域，复辟时期的旧呼声也变得不可能了
Pour s'attirer la sympathie, l'aristocratie était obligée de perdre de vue, semble-t-il, ses propres intérêts
为了引起同情，贵族们显然不得不忽视自己的利益
et ils ont été obligés de formuler leur réquisitoire contre la bourgeoisie dans l'intérêt de la classe ouvrière exploitée

他们不得不为了被剥削的工人阶级的利益而对资产阶级提出控诉

C'est ainsi que l'aristocratie prit sa revanche en chantant des pamphlets sur son nouveau maître

因此，贵族们通过对他们的新主人进行嘲讽来报复

et ils prirent leur revanche en lui murmurant à l'oreille de sinistres prophéties de catastrophe à venir

他们为了报复，在他耳边低语着即将到来的灾难的险恶预言

C'est ainsi qu'est né le socialisme féodal : moitié lamentation, moitié moquerie

封建社会主义就这样出现了：一半是哀叹，一半是嘲讽

Il sonnait comme un demi-écho du passé, et projetait une demi-menace de l'avenir

它一半是过去的回声，一半是未来的威胁

parfois, par sa critique acerbe, spirituelle et incisive, il frappait la bourgeoisie au plus profond de lui-même

有时，它以尖锐、诙谐和尖锐的批评，击中了资产阶级的核心

mais elle a toujours été ridicule dans son effet, par l'incapacité totale de comprendre la marche de l'histoire moderne

但它的效果总是荒谬的，因为它完全无法理解现代历史的进程

L'aristocratie, pour rallier le peuple à elle, agitait le sac d'aumône prolétarien en guise de bannière

贵族们为了把人民团结到他们身边，在前面挥舞着无产阶级的施舍袋，要一面旗帜

Mais le peuple, toutes les fois qu'il se joignait à lui, voyait sur son arrière-train les anciennes armoiries féodales

但是，当它加入他们时，人们经常在他们的后躯上看到旧的封建纹章

et ils désertèrent avec des rires bruyants et irrévérencieux

他们带着响亮而不敬的笑声离开了

Une partie des légitimistes français et de la « Jeune Angleterre » offrit ce spectacle

一部分法国合法主义者和"年轻的英格兰"展示了这种奇观

les féodaux ont fait remarquer que leur mode d'exploitation était différent de celui de la bourgeoisie

封建主义者指出，他们的剥削方式与资产阶级不同

Les féodaux oublient qu'ils ont exploité dans des circonstances et des conditions tout à fait différentes

封建主义者忘记了他们在完全不同的环境和条件下进行剥削

Et ils n'ont pas remarqué que de telles méthodes d'exploitation sont maintenant désuètes

他们没有注意到这种剥削方法现在已经过时了

Ils ont montré que, sous leur domination, le prolétariat moderne n'a jamais existé

他们表明，在他们的统治下，现代无产阶级从未存在过

mais ils oublient que la bourgeoisie moderne est le produit nécessaire de leur propre forme de société

但是他们忘记了现代资产阶级是他们自己社会形式的必要后代

Pour le reste, ils dissimulent à peine le caractère réactionnaire de leur critique

其余的，他们几乎不掩饰他们批评的反动性质

Leur principale accusation contre la bourgeoisie se résume à ceci

他们对资产阶级的主要指控如下

sous le régime bourgeois, une classe sociale se développe

在资产阶级政权下，一个社会阶级正在发展

Cette classe sociale est destinée à découper de fond en comble l'ancien ordre de la société

这个社会阶层注定要把社会的旧秩序连根拔起

Ce qu'ils reprochent à la bourgeoisie, ce n'est pas tant qu'elle crée un prolétariat

他们用什么来培养资产阶级，与其说是它创造了一个无产阶级

ce qu'ils reprochent à la bourgeoisie, c'est plutôt de créer un prolétariat révolutionnaire

他们用什么来鼓舞资产阶级，更是为了它创造一个革命的无产阶级

Dans la pratique politique, ils se joignent donc à toutes les mesures coercitives contre la classe ouvrière

因此，在政治实践中，他们加入了一切针对工人阶级的强制措施

Et dans la vie ordinaire, malgré leurs phrases hautaines, ils s'abaissent à ramasser les pommes d'or tombées de l'arbre de l'industrie

而在平凡的生活中，尽管他们说着高调的短语，但他们还是弯腰捡起从工业树上掉下来的金苹果

et ils troquent la vérité, l'amour et l'honneur contre le commerce de la laine, du sucre de betterave et de l'eau-de-vie de pommes de terre

他们用真理、爱和荣誉来换取羊毛、甜菜根糖和马铃薯烈酒的商业

De même que le pasteur a toujours marché main dans la main avec le propriétaire foncier, il en a été de même du socialisme clérical et du socialisme féodal

正如教区长与地主同来是相辅相成的，教士社会主义与封建社会主义同来也是同来的

Rien n'est plus facile que de donner à l'ascétisme chrétien une teinte socialiste

没有什么比赋予基督教禁欲主义社会主义色彩更容易的了

Le christianisme n'a-t-il pas déclamé contre la propriété privée, contre le mariage, contre l'État ?

基督教不是反对私有财产，反对婚姻，反对国家吗？

Le christianisme n'a-t-il pas prêché à la place de la charité et de la pauvreté ?

难道基督教没有代替这些，慈善和贫穷吗？

Le christianisme ne prêche-t-il pas le célibat et la mortification de la chair, de la vie monastique et de l'Église mère ?

难道基督教不宣扬独身和肉体、修道院生活和母教会的克制吗？

Le socialisme chrétien n'est que l'eau bénite avec laquelle le prêtre consacre les brûlures du cœur de l'aristocrate

基督教社会主义只不过是神父奉献贵族心灵燃烧的圣水

b) Le socialisme petit-bourgeois
小资产阶级社会主义

L'aristocratie féodale n'est pas la seule classe ruinée par la bourgeoisie
封建贵族并不是唯一被资产阶级摧毁的阶级

ce n'était pas la seule classe dont les conditions d'existence languissaient et périssaient dans l'atmosphère de la société bourgeoise moderne
它并不是唯一一个在现代资产阶级社会的气氛中生存条件被钉住并消亡的阶级

Les bourgeois médiévaux et les petits propriétaires paysans ont été les précurseurs de la bourgeoisie moderne
中世纪的市民和小农主是现代资产阶级的先驱

Dans les pays peu développés, tant au point de vue industriel que commercial, ces deux classes végètent encore côte à côte
在那些在工业和商业上都不太发达的国家，这两个阶级仍然并存

et pendant ce temps, la bourgeoisie se lève à côté d'eux : industriellement, commercialement et politiquement
与此同时，资产阶级在他们旁边崛起：在工业上、商业上和政治上

Dans les pays où la civilisation moderne s'est pleinement développée, une nouvelle classe de petite bourgeoisie s'est formée
在现代文明充分发展的国家，形成了新的小资产阶级阶级

cette nouvelle classe sociale oscille entre le prolétariat et la bourgeoisie
这个新的社会阶级在无产阶级和资产阶级之间波动

et elle se renouvelle sans cesse en tant que partie supplémentaire de la société bourgeoise
它作为资产阶级社会的补充部分不断更新自己

Cependant, les membres individuels de cette classe sont constamment précipités dans le prolétariat

然而，这个阶级的个别成员却不断地被扔到无产阶级中去

ils sont aspirés par le prolétariat par l'action de la concurrence

他们被无产阶级通过竞争的作用吸走了

Au fur et à mesure que l'industrie moderne se développe, ils voient même approcher le moment où ils disparaîtront complètement en tant que section indépendante de la société moderne

随着现代工业的发展，他们甚至看到了他们作为现代社会的一个独立部分完全消失的时刻即将到来

ils seront remplacés, dans les manufactures, l'agriculture et le commerce, par des surveillants, des huissiers et des boutiquiers

在制造业、农业和商业领域，他们将被监督员、法警和店员所取代

Dans des pays comme la France, où les paysans représentent bien plus de la moitié de la population

在法国这样的国家，农民占人口的一半以上

il était naturel qu'il y ait des écrivains qui se rangent du côté du prolétariat contre la bourgeoisie

很自然地，有些作家站在无产阶级一边反对资产阶级

dans leur critique du régime bourgeois, ils utilisaient l'étendard de la bourgeoisie paysanne et de la petite bourgeoisie

在对资产阶级政权的批评中，他们使用了农民和小资产阶级的标准

et, du point de vue de ces classes intermédiaires, ils prennent le relais de la classe ouvrière

从这些中间阶级的立场来看，他们拿起了工人阶级的棍棒

C'est ainsi qu'est né le socialisme petit-bourgeois, dont
Sismondi était le chef de cette école, non seulement en
France, mais aussi en Angleterre

于是出现了小资产阶级社会主义，西斯蒙第是这所学
校的负责人，不仅在法国，而且在英国

Cette école du socialisme a disséqué avec une grande acuité
les contradictions des conditions de la production moderne

这个社会主义学派非常敏锐地剖析了现代生产条件中
的矛盾

Cette école a mis à nu les excuses hypocrites des économistes

这所学校揭露了经济学家虚伪的道歉

Cette école prouva sans conteste les effets désastreux du
machinisme et de la division du travail

这所学校无可争辩地证明了机器和劳动分工的灾难性
影响

elle prouvait la concentration du capital et de la terre entre
quelques mains

它证明了资本和土地集中在少数人手中

elle a prouvé comment la surproduction conduit à des crises
bourgeoises

它证明了生产过剩如何导致资产阶级危机

il soulignait la ruine inévitable de la petite bourgeoisie et
des paysans

它指出了小资产阶级和农民的不可避免的毁灭

la misère du prolétariat, l'anarchie de la production, les
inégalités criantes dans la répartition des richesses

无产阶级的苦难，生产中的无政府状态，财富分配中
的不平等

Il a montré comment le système de production mène la
guerre industrielle d'extermination entre les nations

它展示了生产体系如何导致国家之间的工业灭绝战争

la dissolution des vieux liens moraux, des vieilles relations
familiales, des vieilles nationalités

旧的道德纽带、旧的家庭关系、旧的民族的解体

Dans ses objectifs positifs, cependant, cette forme de socialisme aspire à réaliser l'une des deux choses suivantes

然而，就其积极目标而言，这种形式的社会主义渴望实现两件事之一

soit elle vise à restaurer les anciens moyens de production et d'échange

它的目标是恢复旧的生产方式和交换方式

et avec les anciens moyens de production, elle rétablirait les anciens rapports de propriété et l'ancienne société

有了旧的生产资料，它就会恢复旧的财产关系和旧社会

ou bien elle vise à enfermer les moyens modernes de production et d'échange dans l'ancien cadre des rapports de propriété

或者它旨在将现代生产和交换手段限制在财产关系的旧框架中

Dans un cas comme dans l'autre, elle est à la fois réactionnaire et utopique

无论哪种情况，它都是反动的和乌托邦的

Ses derniers mots sont : guildes corporatives pour la fabrication, relations patriarcales dans l'agriculture

它的最后一句话是：制造业的公司行会，农业中的父权关系

En fin de compte, lorsque les faits historiques obstinés ont dispersé tous les effets enivrants de l'auto-tromperie

最终，当顽固的历史事实驱散了所有自欺欺人的醉人影响时

cette forme de socialisme se termina par un misérable accès de pitié

这种形式的社会主义以悲惨的怜悯告终

c) Le socialisme allemand, ou « vrai »
德国的，或"真正的"社会主义

La littérature socialiste et communiste de France est née sous la pression d'une bourgeoisie au pouvoir
法国的社会主义和共产主义文学起源于当权资产阶级的压力

Et cette littérature était l'expression de la lutte contre ce pouvoir
这种文学是与这种力量斗争的表达

elle a été introduite en Allemagne à une époque où la bourgeoisie venait de commencer sa lutte contre l'absolutisme féodal
它是在资产阶级刚刚开始与封建专制主义的斗争时引入德国的

Les philosophes allemands, les prétendus philosophes et les beaux esprits, s'emparèrent avidement de cette littérature
德国哲学家、未来的哲学家和美女们都热切地抓住了这些文献

mais ils oubliaient que les écrits avaient émigré de France en Allemagne sans apporter avec eux les conditions sociales françaises
但他们忘记了，这些著作是从法国移民到德国的，并没有带来法国的社会状况

Au contact des conditions sociales allemandes, cette littérature française perd toute sa signification pratique immédiate
在与德国社会条件的接触中，这种法国文学失去了所有直接的现实意义

et la littérature communiste de France a pris un aspect purement littéraire dans les cercles académiques allemands
法国的共产主义文学在德国学术界呈现出纯粹的文学一面

Ainsi, les exigences de la première Révolution française n'étaient rien d'autre que les exigences de la « raison pratique »

因此，第一次法国大革命的要求只不过是"实践理性"的要求

et l'expression de la volonté de la bourgeoisie française révolutionnaire signifiait à leurs yeux la loi de la volonté pure

在他们眼中，革命的法国资产阶级的意志的表达标志着纯粹意志的法则

il signifiait la Volonté telle qu'elle devait être ; de la vraie Volonté humaine en général

它象征着意志的必然;一般而言，真正的人类意志

Le monde des lettrés allemands ne consistait qu'à mettre les nouvelles idées françaises en harmonie avec leur ancienne conscience philosophique

德国文人的世界完全在于使新的法国思想与他们古老的哲学良知相协调

ou plutôt, ils ont annexé les idées françaises sans déserter leur propre point de vue philosophique

或者更确切地说，他们吞并了法国的思想，而没有放弃自己的哲学观点

Cette annexion s'est faite de la même manière que l'on s'approprie une langue étrangère, c'est-à-dire par la traduction

这种兼并的发生方式与挪用外语的方式相同，即通过翻译

Il est bien connu comment les moines ont écrit des vies stupides de saints catholiques sur des manuscrits

众所周知，僧侣们是如何在手稿上写下天主教圣徒的愚蠢生活

les manuscrits sur lesquels les œuvres classiques de l'ancien paganisme avaient été écrites

写有古代异教经典著作的手稿

Les lettrés allemands ont inversé ce processus avec la littérature française profane

德国文人用亵渎的法国文学扭转了这一过程

Ils ont écrit leurs absurdités philosophiques sous l'original français

他们在法国原版下面写下了他们的哲学废话

Par exemple, sous la critique française des fonctions économiques de l'argent, ils ont écrit « L'aliénation de l'humanité »

例如，在法国对货币经济功能的批评之下，他们写了《人类的异化》

au-dessous de la critique française de l'État bourgeois, ils écrivaient « détrônement de la catégorie du général »

在法国对资产阶级国家的批评之下，他们写下了"将军类别的废黜"

L'introduction de ces phrases philosophiques à la fin des critiques historiques françaises qu'ils ont baptisées :

在法国历史批评的背后引入这些哲学短语，他们称之为：

« Philosophie de l'action », « Vrai socialisme », « Science allemande du socialisme », « Fondement philosophique du socialisme », etc

《行动哲学》《真正的社会主义》《德国社会主义科学》《社会主义的哲学基础》等等

La littérature socialiste et communiste française est ainsi complètement émasculée

法国社会主义和共产主义文学就这样被彻底阉割了

entre les mains des philosophes allemands, elle cessa d'exprimer la lutte d'une classe contre l'autre

在德国哲学家的手中，它不再表现一个阶级与另一个阶级的斗争

et c'est ainsi que les philosophes allemands se sentaient conscients d'avoir surmonté « l'unilatéralité française »

因此，德国哲学家们意识到已经克服了"法国的片面性"

Il n'avait pas à représenter de vraies exigences, mais plutôt des exigences de vérité

它不必代表真实的要求，相反，它代表了真理的要求

il n'y avait pas d'intérêt pour le prolétariat, mais plutôt pour la nature humaine

对无产阶级没有兴趣，相反，对人性感兴趣

l'intérêt était dans l'Homme en général, qui n'appartient à aucune classe et n'a pas de réalité

兴趣是一般的人，他不属于任何阶级，也没有现实

un homme qui n'existe que dans le royaume brumeux de la fantaisie philosophique

一个只存在于哲学幻想的迷雾境界的人

mais finalement, ce socialisme allemand d'écolier perdit aussi son innocence pédante

但最终这个小学生德国社会主义也失去了迂腐的纯真

la bourgeoisie allemande, et surtout la bourgeoisie prussienne, luttait contre l'aristocratie féodale

德国资产阶级，特别是普鲁士资产阶级反对封建贵族

la monarchie absolue de l'Allemagne et de la Prusse était également combattue

德意志和普鲁士的绝对君主制也受到反对

Et à son tour, la littérature du mouvement libéral est également devenue plus sérieuse

反过来，自由主义运动的文学也变得更加认真

L'Allemagne a eu l'occasion longtemps souhaitée par le « vrai » socialisme de se voir offrir

德国为"真正的"社会主义提供了人们期待已久的机会

l'occasion de confronter le mouvement politique aux revendications socialistes

用社会主义的要求来对抗政治运动的机会

l'occasion de jeter les anathèmes traditionnels contre le libéralisme

向自由主义抛出传统诅咒的机会

l'occasion d'attaquer le gouvernement représentatif et la concurrence bourgeoise

攻击代议制政府和资产阶级竞争的机会

Liberté de la presse bourgeoise, législation bourgeoise, liberté et égalité bourgeoise

资产阶级新闻自由，资产阶级立法，资产阶级自由和平等

Tout cela pourrait maintenant être critiqué dans le monde réel, plutôt que dans la fantaisie

所有这些现在都可以在现实世界中受到批评，而不是在幻想中

L'aristocratie féodale et la monarchie absolue prêchaient depuis longtemps aux masses

封建贵族和君主专制长期以来一直向群众宣扬

« L'ouvrier n'a rien à perdre, et il a tout à gagner »

"工人没有什么可失去的，他拥有一切可以得到的"

le mouvement bourgeois offrait aussi une chance de se confronter à ces platitudes

资产阶级运动也为面对这些陈词滥调提供了机会

la critique française présupposait l'existence d'une société bourgeoise moderne

法国的批评以现代资产阶级社会的存在为前提

Conditions économiques d'existence de la bourgeoisie et constitution politique de la bourgeoisie

资产阶级的经济生存条件和资产阶级政治宪法

les choses mêmes dont la réalisation était l'objet de la lutte imminente en Allemagne

这些东西的成就正是德国悬而未决的斗争的目标

L'écho stupide du socialisme en Allemagne a abandonné ces objectifs juste à temps

德国对社会主义的愚蠢回声在时间紧迫的情况下放弃了这些目标

Les gouvernements absolus avaient leur suite de pasteurs, de professeurs, d'écuyers de campagne et de fonctionnaires

专制政府有他们的追随者帕森斯、教授、乡绅和官员

le gouvernement de l'époque a répondu aux soulèvements de la classe ouvrière allemande par des coups de fouet et des balles

当时的政府用鞭笞和子弹来应对德国工人阶级的起义

pour eux, ce socialisme était un épouvantail bienvenu contre la bourgeoisie menaçante

对他们来说，这种社会主义是对抗威胁资产阶级的受欢迎的稻草人

et le gouvernement allemand a pu offrir un dessert sucré après les pilules amères qu'il a distribuées

德国政府在分发苦药后能够提供甜食

ce « vrai » socialisme servait donc aux gouvernements d'arme pour combattre la bourgeoisie allemande

因此，这种"真正的"社会主义为政府服务，成为与德国资产阶级作斗争的武器

et, en même temps, il représentait directement un intérêt réactionnaire ; celle des Philistins allemands

同时，它直接代表了反动的利益;德意志非利士人

En Allemagne, la petite bourgeoisie est la véritable base sociale de l'état de choses actuel

在德国，小资产阶级是现存事物的真正社会基础

une relique du XVIe siècle qui n'a cessé de surgir sous diverses formes

十六世纪的遗迹，不断以各种形式出现

Conserver cette classe, c'est préserver l'état de choses existant en Allemagne

保持这个阶级就是保持德国的现有状态

La suprématie industrielle et politique de la bourgeoisie menace la petite bourgeoisie d'une destruction certaine

资产阶级的工业和政治霸权使小资产阶级受到一定的破坏

d'une part, elle menace de détruire la petite bourgeoisie par la concentration du capital

一方面，它威胁要通过资本集中来消灭小资产阶级

d'autre part, la bourgeoisie menace de la détruire par l'avènement d'un prolétariat révolutionnaire

另一方面，资产阶级威胁要通过革命无产阶级的崛起来摧毁它

Le « vrai » socialisme semblait faire d'une pierre deux coups. Il s'est répandu comme une épidémie

"真正的"社会主义似乎一石二鸟。它像流行病一样传播

La robe de toiles d'araignées spéculatives, brodée de fleurs de rhétorique, trempée dans la rosée du sentiment maladif

投机的蜘蛛网长袍，绣着修辞的花朵，浸泡在病态情感的露水中

cette robe transcendantale dans laquelle les socialistes allemands enveloppaient leurs tristes « vérités éternelles »

这件超然的长袍，德国社会主义者包裹着他们可悲的"永恒真理"

tout de peau et d'os, servaient à augmenter merveilleusement la vente de leurs marchandises auprès d'un public aussi

所有的皮肤和骨头，都奇妙地增加了他们的商品在这样的公众中的销售

Et de son côté, le socialisme allemand reconnaissait de plus en plus sa propre vocation

就其本身而言，德国社会主义越来越认识到自己的使命

on l'appelait à être le représentant grandiloquent de la petite-bourgeoisie philistine

它被称为小资产阶级非利士人的夸张代表

Il proclamait que la nation allemande était la nation modèle, et le petit philistin allemand l'homme modèle

它宣称德意志民族是模范民族，而德国小非利士人是模范民族

À chaque méchanceté de cet homme modèle, elle donnait une interprétation socialiste cachée, plus élevée

对于这个模范人物的每一个邪恶的卑鄙行为，它都给出了一种隐藏的、更高的、社会主义的解释

cette interprétation socialiste supérieure était l'exact contraire de son caractère réel

这种更高的社会主义解释与其真实性质完全相反

Il est allé jusqu'à s'opposer directement à la tendance « brutalement destructrice » du communisme

它竭尽全力直接反对共产主义的"残酷破坏性"倾向

et il proclamait son mépris suprême et impartial de toutes les luttes de classes

它宣称它对一切阶级斗争的至高无上和公正的蔑视

À de très rares exceptions près, toutes les publications dites socialistes et communistes qui circulent aujourd'hui (1847) en Allemagne appartiennent au domaine de cette littérature nauséabonde et énervante

除了极少数例外，现在（1847年）在德国流传的所有所谓的社会主义和共产主义出版物都属于这种肮脏而充满活力的文学作品的范畴

2) Le socialisme conservateur ou le socialisme bourgeois
2) 保守社会主义，或资产阶级社会主义

Une partie de la bourgeoisie est désireuse de redresser les griefs sociaux
资产阶级的一部分渴望纠正社会不满

afin d'assurer la pérennité de la société bourgeoise
为了保证资产阶级社会的继续存在

C'est à cette section qu'appartiennent les économistes, les philanthropes, les humanitaires
这部分属于经济学家、慈善家、人道主义者

améliorateurs de la condition de la classe ouvrière et organisateurs de la charité
工人阶级状况的改善者和慈善事业的组织者

membres des sociétés de prévention de la cruauté envers les animaux
防止虐待动物协会成员

fanatiques de la tempérance, réformateurs de toutes sortes imaginables
节制狂热者，各种可以想象的改革者

Cette forme de socialisme a, d'ailleurs, été élaborée en systèmes complets
而且，这种形式的社会主义已经发展成完整的制度

On peut citer la « Philosophie de la Misère » de Proudhon comme exemple de cette forme
我们可以引用蒲鲁东的《悲惨世界哲学》作为这种形式的一个例子

La bourgeoisie socialiste veut tous les avantages des conditions sociales modernes
社会主义资产阶级想要现代社会条件的一切好处

mais la bourgeoisie socialiste ne veut pas nécessairement des luttes et des dangers qui en résultent
但社会主义资产阶级并不一定想要由此产生的斗争和危险

Ils désirent l'état actuel de la société, sans ses éléments révolutionnaires et désintégrateurs

他们渴望社会的现有状态，减去其革命和瓦解的因素

c'est-à-dire qu'ils veulent une bourgeoisie sans prolétariat

换句话说，他们希望有一个没有无产阶级的资产阶级

La bourgeoisie conçoit naturellement le monde dans lequel elle est souveraine d'être la meilleure

资产阶级自然而然地设想了一个至高无上的世界，在这个世界里，最好的是至高无上的

et le socialisme bourgeois développe cette conception confortable en divers systèmes plus ou moins complets

资产阶级社会主义把这种舒适的概念发展成各种或多或少完整的制度

ils voudraient beaucoup que le prolétariat marche droit dans la Nouvelle Jérusalem sociale

他们非常希望无产阶级直接进入社会的新耶路撒冷

Mais en réalité, elle exige du prolétariat qu'il reste dans les limites de la société existante

但实际上，它要求无产阶级保持在现存社会的范围内

ils demandent au prolétariat de se débarrasser de toutes ses idées haineuses sur la bourgeoisie

他们要求无产阶级抛弃他们对资产阶级的一切仇恨思想

il y a une seconde forme plus pratique, mais moins systématique, de ce socialisme

这种社会主义还有第二种更实际但不那么系统的形式

Cette forme de socialisme cherchait à déprécier tout mouvement révolutionnaire aux yeux de la classe ouvrière

这种形式的社会主义试图在工人阶级眼中贬低每一场革命运动

Ils soutiennent qu'aucune simple réforme politique ne pourrait leur être d'un quelconque avantage

他们认为，单纯的政治改革对他们没有任何好处

Seul un changement dans les conditions matérielles
d'existence dans les relations économiques est bénéfique

只有改变经济关系中的物质生存条件才是有益的

Comme le communisme, cette forme de socialisme prône un
changement des conditions matérielles d'existence

与共产主义一样，这种形式的社会主义主张改变物质
生存条件

Cependant, cette forme de socialisme ne suggère nullement
l'abolition des rapports de production bourgeois

但是，这种形式的社会主义决不是要废除资产阶级的
生产关系

l'abolition des rapports de production bourgeois ne peut se
faire que par la révolution

资产阶级生产关系的废除只能通过革命来实现

Mais au lieu d'une révolution, cette forme de socialisme
suggère des réformes administratives

但是，这种形式的社会主义不是革命，而是行政改革

et ces réformes administratives seraient fondées sur la
pérennité de ces relations

这些行政改革将基于这些关系的继续存在

réformes qui n'affectent en rien les rapports entre le capital
et le travail

因此，改革绝不影响资本和劳动的关系

au mieux, de telles réformes réduisent le coût et simplifient
le travail administratif du gouvernement bourgeois

充其量，这种改革只是降低了资产阶级政府的成本，
简化了行政工作

Le socialisme bourgeois atteint une expression adéquate
lorsque, et seulement lorsque, il devient une simple figure
de style

资产阶级社会主义在资产阶级社会主义成为纯粹的修
辞手法时，也只有当它成为一种修辞手法时，才能得
到充分的表达

Le libre-échange : au profit de la classe ouvrière

自由贸易：为了工人阶级的利益

Les devoirs protecteurs : au profit de la classe ouvrière

保护职责：为了工人阶级的利益

Réforme pénitentiaire : au profit de la classe ouvrière

监狱改革：为了工人阶级的利益

C'est le dernier mot et le seul mot sérieux du socialisme bourgeois

这是资产阶级社会主义的最后一句话，也是唯一一句严肃的话

Elle se résume dans la phrase : la bourgeoisie est une bourgeoisie au profit de la classe ouvrière

可以概括为：资产阶级是为工人阶级谋福利的资产阶级

3) Socialisme et communisme utopiques critiques
3) 批判乌托邦社会主义和共产主义

Nous ne nous référons pas ici à la littérature qui a toujours donné la parole aux revendications du prolétariat
我们在这里不是指那种总是表达无产阶级要求的文学

cela a été présent dans toutes les grandes révolutions modernes, comme les écrits de Babeuf et d'autres
这在每一次伟大的现代革命中都存在，例如巴贝夫和其他人的著作

Les premières tentatives directes du prolétariat pour parvenir à ses propres fins échouèrent nécessairement
无产阶级实现自己目的的第一次直接尝试必然失败

Ces tentatives ont été faites dans des temps d'effervescence universelle, lorsque la société féodale était renversée
这些尝试是在封建社会被推翻的普遍兴奋时期进行的

L'état alors peu développé du prolétariat a conduit à l'échec de ces tentatives
当时无产阶级的不发达状态导致了这些尝试的失败

et ils ont échoué en raison de l'absence des conditions économiques pour son émancipation
由于缺乏解放的经济条件，他们失败了

conditions qui n'avaient pas encore été produites, et qui ne pouvaient être produites que par l'époque de la bourgeoisie
这些条件尚未产生，而且可能仅由即将到来的资产阶级时代产生

La littérature révolutionnaire qui accompagnait ces premiers mouvements du prolétariat avait nécessairement un caractère réactionnaire
伴随无产阶级的最初运动的革命文学必然具有反动性质

Cette littérature inculquait l'ascétisme universel et le nivellement social dans sa forme la plus grossière

这些文学以最粗暴的形式灌输了普遍的禁欲主义和社会平等

Les systèmes socialistes et communistes, proprement dits, naissent au début de la période sous-développée

社会主义和共产主义制度，恰如其分地称为社会主义和共产主义制度，是在早期不发达时期出现的

Saint-Simon, Fourier, Owen et d'autres, ont décrit la lutte entre le prolétariat et la bourgeoisie (voir section 1)

圣西门、傅立叶、欧文等人描述了无产阶级和资产阶级之间的斗争（见第1节）

Les fondateurs de ces systèmes voient, en effet, les antagonismes de classe

这些制度的创始人确实看到了阶级对立

Ils voient aussi l'action des éléments en décomposition, dans la forme dominante de la société

他们还看到了在社会的普遍形式中分解元素的作用

Mais le prolétariat, encore à ses débuts, leur offre le spectacle d'une classe sans aucune initiative historique

但是，无产阶级还处于起步阶段，却向他们展示了一个没有任何历史主动性的阶级的景象

Ils voient le spectacle d'une classe sociale sans aucun mouvement politique indépendant

他们看到了一个没有任何独立政治运动的社会阶层的景象

Le développement de l'antagonisme de classe va de pair avec le développement de l'industrie

阶级对立的发展与工业的发展是一致的

La situation économique ne leur offre donc pas encore les conditions matérielles de l'émancipation du prolétariat

因此，经济形势还没有为他们提供解放无产阶级的物质条件

Ils cherchent donc une nouvelle science sociale, de nouvelles lois sociales, qui doivent créer ces conditions

因此，他们寻找一种新的社会科学，寻找新的社会规律，以创造这些条件

l'action historique, c'est céder à leur action inventive personnelle

历史行动就是屈服于他们个人的创造性行动

Les conditions d'émancipation créées historiquement doivent céder la place à des conditions fantastiques

历史上创造的解放条件将屈服于梦幻般的条件

et l'organisation de classe graduelle et spontanée du prolétariat doit céder la place à l'organisation de la société

无产阶级的渐进的、自发的阶级组织是要屈服于社会组织

l'organisation de la société spécialement conçue par ces inventeurs

这些发明家专门设计的社会组织

L'histoire future se résout, à leurs yeux, dans la propagande et l'exécution pratique de leurs projets sociaux

在他们眼中，未来的历史将自己归结为宣传和实际执行他们的社会计划

Dans l'élaboration de leurs plans, ils ont conscience de s'occuper avant tout des intérêts de la classe ouvrière

在制定计划时，他们意识到主要关心工人阶级的利益

Ce n'est que du point de vue d'être la classe la plus souffrante que le prolétariat existe pour eux

只有从最受苦阶级的角度来看，无产阶级才为他们而存在

L'état sous-développé de la lutte des classes et leur propre environnement informent leurs opinions

阶级斗争的不发达状态和他们自己的环境影响了他们的意见

Les socialistes de ce genre se considèrent comme bien supérieurs à tous les antagonismes de classe

这种社会主义者认为自己远远优于一切阶级对立

Ils veulent améliorer la condition de tous les membres de la société, même celle des plus favorisés

他们希望改善社会每个成员的状况，甚至是最受宠爱的人的状况

Par conséquent, ils s'adressent habituellement à la société dans son ensemble, sans distinction de classe

因此，他们习惯性地诉诸整个社会，不分阶级

Bien plus, ils font appel à la société dans son ensemble de préférence à la classe dirigeante

不，他们通过偏爱统治阶级来吸引整个社会

Pour eux, tout ce qu'il faut, c'est que les autres comprennent leur système

对他们来说，所需要的只是让其他人了解他们的系统

Car comment les gens peuvent-ils ne pas voir que le meilleur plan possible est le meilleur état possible de la société ?

因为人们怎么能看不到最好的计划是为了最好的社会状态呢？

C'est pourquoi ils rejettent toute action politique, et surtout toute action révolutionnaire

因此，他们拒绝一切政治行动，特别是一切革命行动

ils veulent arriver à leurs fins par des moyens pacifiques

他们希望通过和平手段达到目的

ils s'efforcent, par de petites expériences, qui sont nécessairement vouées à l'échec

他们通过小实验来努力，而这些实验注定要失败

et par la force de l'exemple, ils essaient d'ouvrir la voie au nouvel Évangile social

他们以身作则，试图为新的社会福音铺平道路

De tels tableaux fantastiques de la société future, peints à une époque où le prolétariat est encore dans un état très sous-développé

在无产阶级还处于非常不发达状态的时候，描绘了未来社会的如此梦幻般的图景

et il n'a encore qu'une conception fantasmatique de sa propre position

它仍然对自己的立场有一个幻想的概念

Mais leurs premières aspirations instinctives correspondent aux aspirations du prolétariat

但是他们最初的本能渴望与无产阶级的渴望是一致的

L'un et l'autre aspirent à une reconstruction générale de la société

两人都渴望社会的全面重建

Mais ces publications socialistes et communistes contiennent aussi un élément critique

但这些社会主义和共产主义出版物也包含一个关键因素

Ils s'attaquent à tous les principes de la société existante

他们攻击现存社会的每一个原则

C'est pourquoi ils sont remplis des matériaux les plus précieux pour l'illumination de la classe ouvrière

因此，它们充满了对工人阶级启蒙的最有价值的材料

Ils proposent l'abolition de la distinction entre la ville et la campagne, et la famille

他们建议废除城乡和家庭的区别

la suppression de l'exercice de l'industrie pour le compte des particuliers

废除私人经营的工业

et l'abolition du salariat et la proclamation de l'harmonie sociale

废除工资制度，宣布社会和谐

la transformation des fonctions de l'État en une simple surveillance de la production

将国家职能转变为纯粹的生产监督

Toutes ces propositions ne pointent que vers la disparition des antagonismes de classe

所有这些建议都只指向阶级对立的消失

Les antagonismes de classe ne faisaient alors que surgir

当时，阶级对立才刚刚出现

Dans ces publications, ces antagonismes de classe ne sont reconnus que dans leurs formes les plus anciennes, indistinctes et indéfinies

在这些出版物中，这些阶级对立只是以最早的、模糊的和未定义的形式被承认

Ces propositions ont donc un caractère purement utopique

因此，这些建议具有纯粹的乌托邦性质

La signification du socialisme et du communisme critiques-utopiques est en relation inverse avec le développement historique

批判乌托邦社会主义和共产主义的意义与历史发展呈反比关系

La lutte de classe moderne se développera et continuera à prendre une forme définitive

现代阶级斗争将发展并继续形成一定的形式

Cette réputation fantastique du concours perdra toute valeur pratique

比赛中的这种梦幻般的地位将失去所有实用价值

Ces attaques fantastiques contre les antagonismes de classe perdront toute justification théorique

这些对阶级对立的奇妙攻击将失去所有理论上的正当性

Les initiateurs de ces systèmes étaient, à bien des égards, révolutionnaires

这些系统的鼻祖在许多方面都是革命性的

Mais leurs disciples n'ont, dans tous les cas, formé que des sectes réactionnaires

但他们的门徒，在任何情况下，都只是形成了反动的教派

Ils s'en tiennent fermement aux vues originales de leurs maîtres

他们紧紧抓住主人的原始观点

Mais ces vues s'opposent au développement historique progressif du prolétariat

但这些观点是同无产阶级的进步历史发展相悖的

Ils s'efforcent donc, et cela constamment, d'étouffer la lutte des classes

因此，他们努力，而且始终如一地扼杀阶级斗争

et ils s'efforcent constamment de concilier les antagonismes de classe

他们始终如一地努力调和阶级对立

Ils rêvent encore de la réalisation expérimentale de leurs utopies sociales

他们仍然梦想着通过实验实现他们的社会乌托邦

ils rêvent encore de fonder des « phalanstères » isolés et d'établir des « colonies d'origine »

他们仍然梦想着建立孤立的"方阵"并建立"本土殖民地"

ils rêvent de mettre en place une « Petite Icarie » – éditions duodecimo de la Nouvelle Jérusalem

他们梦想着建立一个"小伊卡里亚"——新耶路撒冷的十二分之一版本

Et ils rêvent de réaliser tous ces châteaux dans les airs

他们梦想着在空中实现所有这些城堡

Ils sont obligés de faire appel aux sentiments et aux bourses des bourgeois

他们不得不迎合资产阶级的感情和钱包

Peu à peu, ils s'enfoncent dans la catégorie des socialistes conservateurs réactionnaires décrits ci-dessus

在某种程度上，他们陷入了上述反动保守社会主义者的范畴

ils ne diffèrent de ceux-ci que par une pédanterie plus systématique

它们与这些的不同之处仅在于更系统的迂腐

et ils diffèrent par leur croyance fanatique et superstitieuse aux effets miraculeux de leur science sociale

他们的不同之处在于他们对社会科学的神奇效果的狂
热和迷信

**Ils s'opposent donc violemment à toute action politique de
la part de la classe ouvrière**

因此，他们强烈反对工人阶级的一切政治行动

**une telle action, selon eux, ne peut résulter que d'une
incrédulité aveugle dans le nouvel Évangile**

根据他们的说法，这种行为只能是盲目地不相信新福
音的结果

**Les owénistes en Angleterre et les fouriéristes en France
s'opposent respectivement aux chartistes et aux réformistes**

英国的欧文派和法国的傅立叶派分别反对宪章派和"
改革派"

Position des communistes par rapport aux divers partis d'opposition existants
共产党人对现有各反对党的立场

La section II a mis en évidence les relations des communistes avec les partis ouvriers existants
第二节明确了共产党人同现存工人阶级政党的关系

comme les chartistes en Angleterre et les réformateurs agraires en Amérique
例如英国的宪章派和美国的土地改革派

Les communistes luttent pour la réalisation des objectifs immédiats
共产党人为实现眼前目标而斗争

Ils luttent pour l'application des intérêts momentanés de la classe ouvrière
他们为维护工人阶级的一时利益而斗争

Mais dans le mouvement politique d'aujourd'hui, ils représentent et s'occupent aussi de l'avenir de ce mouvement
但在当前的政治运动中，他们也代表并照顾着该运动的未来

En France, les communistes s'allient avec les social-démocrates
在法国，共产党人与社会民主党人结盟

et ils se positionnent contre la bourgeoisie conservatrice et radicale
他们把自己定位为反对保守和激进的资产阶级

cependant, ils se réservent le droit d'adopter une position critique à l'égard des phrases et des illusions traditionnellement héritées de la grande Révolution
但是，他们保留对传统上从大革命中流传下来的短语和幻想采取批评立场的权利

En Suisse, ils soutiennent les radicaux, sans perdre de vue que ce parti est composé d'éléments antagonistes

在瑞士，他们支持激进党，同时又不忽视这个党由敌对分子组成的事实

en partie des socialistes démocrates, au sens français du terme, en partie de la bourgeoisie radicale

一部分是民主社会主义者，一部分是法国意义上的激进资产阶级

En Pologne, ils soutiennent le parti qui insiste sur la révolution agraire comme condition première de l'émancipation nationale

在波兰，他们支持坚持将土地革命作为民族解放的首要条件的政党

ce parti qui fomenta l'insurrection de Cracovie en 1846

1846年煽动克拉科夫起义的政党

En Allemagne, ils luttent avec la bourgeoisie chaque fois qu'elle agit de manière révolutionnaire

在德国，只要资产阶级以革命的方式行动，他们就同资产阶级斗争

contre la monarchie absolue, l'escroc féodal et la petite bourgeoisie

反对君主专制、封建乡绅和小资产阶级

Mais ils ne cessent jamais, un seul instant, inculquer à la classe ouvrière une idée particulière

但是，他们从未停止过向工人阶级灌输一种特定的思想

la reconnaissance la plus claire possible de l'antagonisme hostile entre la bourgeoisie et le prolétariat

尽可能清楚地承认资产阶级和无产阶级之间的敌对对立

afin que les ouvriers allemands puissent immédiatement utiliser les armes dont ils disposent

这样德国工人就可以立即使用他们所掌握的武器

les conditions sociales et politiques que la bourgeoisie doit nécessairement introduire en même temps que sa suprématie

资产阶级及其至高无上地位必然引入的社会和政治条件

la chute des classes réactionnaires en Allemagne est inévitable

德国反动阶级的垮台是不可避免的

et alors la lutte contre la bourgeoisie elle-même peut commencer immédiatement

然后，反对资产阶级本身的斗争可能会立即开始

Les communistes tournent leur attention principalement vers l'Allemagne, parce que ce pays est à la veille d'une révolution bourgeoise

共产党人把注意力主要转向德国，因为德国正处于资产阶级革命的前夜

une révolution qui ne manquera pas de s'accomplir dans des conditions plus avancées de la civilisation européenne

一场必然在欧洲文明的更先进条件下进行的革命

Et elle ne manquera pas de se faire avec un prolétariat beaucoup plus développé

它必然要与更发达的无产阶级一起进行

un prolétariat plus avancé que celui de l'Angleterre au XVIIe siècle, et celui de la France au XVIIIe siècle

无产阶级比17世纪的英国和18世纪的法国更先进

et parce que la révolution bourgeoise en Allemagne ne sera que le prélude d'une révolution prolétarienne qui suivra immédiatement

因为德国的资产阶级革命只不过是紧随其后的无产阶级革命的前奏

Bref, partout les communistes soutiennent tout mouvement révolutionnaire contre l'ordre social et politique existant

简言之，各地的共产党人都支持反对现存社会和政治秩序的每一次革命运动

Dans tous ces mouvements, ils mettent au premier plan, comme la question maîtresse de chacun d'eux, la question de la propriété

在所有这些运动中，他们把财产问题作为每个运动的主要问题带到了前面

quel que soit son degré de développement dans ce pays à ce moment-là

无论当时该国的发展程度如何

Enfin, ils œuvrent partout pour l'union et l'accord des partis démocratiques de tous les pays

最后，他们到处为各国民主党派的联合和协议而努力

Les communistes dédaignent de dissimuler leurs vues et leurs objectifs

共产党人不屑于隐瞒他们的观点和目标

Ils déclarent ouvertement que leurs fins ne peuvent être atteintes que par le renversement par la force de toutes les conditions sociales existantes

他们公开宣称，只有通过强行推翻所有现存的社会条件，才能达到他们的目的

Que les classes dirigeantes tremblent devant une révolution communiste

让统治阶级在共产主义革命中战战兢兢

Les prolétaires n'ont rien d'autre à perdre que leurs chaînes

无产者除了他们的锁链之外，没有什么可失去的

Ils ont un monde à gagner

他们有一个世界可以赢得

TRAVAILLEURS DE TOUS LES PAYS, UNISSEZ-VOUS !

各国劳动人民，团结起来！

www.ingramcontent.com/pod-product-compliance
Lightning Source LLC
Chambersburg PA
CBHW011742020426
42333CB00024B/3004